Marx, manual de instruções

"Retrato de Daniel Bensaïd", por Troy Terpstra.

Marx, Manual de Instruções

Daniel Bensaïd

ilustrações
Charb

tradução
Nair Fonseca

Copyright © Boitempo Editorial, 2013

Coordenação editorial	Ivana Jinkings
Editores-adjuntos	Bibiana Leme
	João Alexandre Peschanski
Assistência editorial	Livia Campos
	Thaisa Burani
Tradução	Nair Fonseca
Revisão	Laura Folgueira
Capa	David Amiel
Diagramação	Antonio Kehl
Produção	Livia Campos
Assistência de produção	Camila Lie Nakazone

CIP-BRASIL. CATALOGAÇÃO NA PUBLICAÇÃO
SINDICATO NACIONAL DOS EDITORES DE LIVROS, RJ

B418m
Bensaïd, Daniel, 1946-2010
   Marx, manual de instruções / Daniel Bensaïd ; ilustração Charb ; tradução Nair Fonseca. - 1. ed. - São Paulo : Boitempo, 2013.
   il.

   Tradução de: Marx, mode d'emploi
   Inclui bibliografia
   ISBN 978-85-7559-346-2

   1. Marx, Karl, 1818-1883. 2. Socialismo. 3. Comunismo. 4. Capitalismo. 5. Filosofia Marxista. I. Título.

13-03567   CDD: 335.4
                                                                        CDU: 330.85

É vedada a reprodução de qualquer
parte deste livro sem a expressa autorização da editora.

1ª edição: setembro de 2013; 1ª reimpressão: junho de 2014
2ª reimpressão: junho de 2017; 3ª reimpressão: abril de 2021

BOITEMPO EDITORIAL
Jinkings Editores Associados Ltda.
Rua Pereira Leite, 373
05442-000 São Paulo SP
Tel./fax: (11) 3875-7250 / 3875-7285
editor@boitempoeditorial.com.br
www.boitempoeditorial.com.br | www.blogdaboitempo.com.br
www.facebook.com/boitempo | www.twitter.com/editoraboitempo
www.youtube.com/tvboitempo

Sumário

Introdução 7

1. Como se tornar barbudo e comunista 9
2. De que morreu Deus? 23
3. Por que a luta tem classe 37
4. Como o espectro encarnou – e por que sorri 47
5. Por que as revoluções nunca chegam na hora certa 61
6. Por que a política desregula os relógios 71
7. Por que Marx e Engels são intermitentes no partido 89
8. Quem roubou o mais-valor? O romance *noir* do capital 101
9. Por que o sr. Capital corre risco de crise cardíaca 119
10. Por que Marx não é nem um anjo verde, nem um demônio produtivista 141
11. Como – e em que – pensa o dr. Marx 151
12. Uma herança sem dono em busca de autores 165

Cronologia resumida de Marx e Engels 175

Sobre o autor e o ilustrador 189

Introdução

Será sempre um erro não ler, reler e discutir Marx. Será um erro cada vez maior, uma falta de responsabilidade teórica, filosófica, política.
Jacques Derrida

"Um trovão inaudível", escreveu o filósofo Gérard Granel a respeito de *O capital*. Inaudível talvez para aqueles que foram seus contemporâneos. O estrondo desse trovão, no entanto, não deixou de se amplificar desde então, a ponto de ser hoje ensurdecedor.

Está longe a época em que uma imprensa ruidosa anunciava triunfalmente ao mundo a morte de Marx. Involuntariamente, ela exprimia assim tanto o alívio por seu desaparecimento quanto o temor de que ele voltasse. Esse temido retorno causa hoje um grande alvoroço. A edição alemã de *O capital* triplicou suas vendas em um ano. Sua versão em mangá tornou-se um *best-seller* no Japão. Jacques Attali* incensa o "monumento" Marx, mas sugere – despropositadamente – inspirar-se no "papel importante dos fundos de pensão e dos mercados financeiros norte-americanos". Alain Minc** proclama a si próprio o "último marxista francês" (*sic!*), tomando o cuidado de acrescentar: "sob certos aspectos". Por último, a revista *Time* celebra Marx como "uma torre imensa que domina as outras no nevoeiro". Até em Wall Street houve manifestações aos gritos de "Marx tinha razão!".

Esse entusiasmo suspeito justifica o receio de que o *come-back* de um Marx pleiadizado e panteonizado reduza-se a uma banalização midiática, tornando inofensivo aquele que quis "semear dragões". Um Marx sem comunismo nem revolução; em síntese, academicamente correto. As homenagens, tão numerosas quanto tardias, são, na maior parte, prestadas pelo vício à virtude. "Queiram ou não, saibam ou não, todos os homens sobre a terra são, de certa manei-

---

*   Economista, conselheiro do presidente François Mitterrand. (N. T.)
**   Empresário francês. (N. T.)

ra, herdeiros de Marx", escreveu Jacques Derrida, em seu *Espectros de Marx**. E Fernand Braudel recordou a que ponto o espírito da época e seu vocabulário estavam impregnados das ideias de Marx. Em suma, e até certo ponto, a época "pratica o marxismo" sem saber.

Há mais. Na realidade do mundo atual, o capitalismo se aproxima de seu conceito teórico. Faz tudo virar mercadoria: as coisas, os serviços, o saber e a vida. Generaliza a privatização dos bens comuns da humanidade. Desencadeia a concorrência de todos contra todos. Nos países desenvolvidos, 90% da população ativa é agora assalariada. Tudo isso concorre para que a crise atual apresente-se como uma crise inédita daquilo que Michel Husson chama de "capitalismo puro". Justifica-se assim plenamente a afirmação de Derrida, segundo a qual "não há futuro sem Marx", ou pelo menos sem a memória e a herança de um certo Marx. Sua atualidade é a do próprio capital, de sua "crítica da economia política", e isso faz dele um grande descobridor de outros mundos possíveis.

Este livro não pretende restabelecer, por trás das falsificações e da espessa crosta de ideias recebidas, o verdadeiro pensamento de um Marx autêntico e desconhecido. Pretende apenas apresentar um manual de instruções possíveis, mostrando como sua crítica radical, relutante a qualquer ortodoxia, a qualquer fanatismo doutrinário, sempre pronta à autocrítica, à sua própria transformação ou à sua própria superação, vive as questões deixadas entreabertas e as contradições não resolvidas. É um convite à descoberta e à controvérsia.

Ao mesmo tempo introdução recreativa a uma obra, lembrete, caixa de ferramentas para pensar e agir, este livro deseja contribuir, na aproximação de grandes turbulências e tormentas com desfecho incerto, para afiar novamente nossas foices e nossos martelos.

---

* Jacques Derrida, *Espectros de Marx: o estado da dívida, o trabalho do luto e a nova Internacional* (trad. Anamaria Skinner, Rio de Janeiro, Relume-Dumará, 1994). (N. E.)

1

COMO SE TORNAR BARBUDO E COMUNISTA

No mesmo ano em que Mary Shelley traz ao mundo um certo doutor Frankenstein, vem à luz um robusto bebê, em 5 de maio de 1818, na família Marx, à rua Brücken, 665, em Trier (Renânia). Morre-se muito, e jovem, na casa dos Marx. Um irmão mais velho morre no mesmo ano do nascimento do pequeno Karl. Quatro outros irmãos e irmãs perecem prematuramente de tuberculose. Só lhe restam uma irmã mais velha e duas mais jovens. Mais tarde, dos seis filhos de Karl e de sua companheira Jenny, apenas três filhas sobreviverão – Jenny, Laura, Eleanor –, mas as duas últimas acabarão por se suicidar.

Como o rei Lear, o jovem Karl tem a trágica vocação de ser homem entre várias mulheres. E moças.

Pelo lado da mãe, os Marx descendem de uma linhagem de judeus holandeses, "rabinos há séculos", à qual também pertence o próspero tio Philips. Papai Marx, por sua vez, é mais um homem das Luzes, alimentado por Voltaire, Rousseau e Lessing. Para escapar da interdição imposta aos judeus pelas autoridades prussianas de se tornarem funcionários do Estado, Hirschel Marx, advogado em Trier, é coagido a converter-se ao catolicismo e torna-se Heinrich Marx.

De 1830 a 1835, em uma Renânia agitada por manifestações a favor da unidade alemã e das liberdades políticas, o jovem Karl é um estudante mediano do Ginásio de Trier, versificador em alguns momentos e talentoso para a escrita. No outono de 1835, de posse de seu diploma, parte para Bonn a fim de iniciar um curso de direito. Em composição redigida nesse mesmo ano, sobre a meditação de um adolescente diante da escolha de sua profissão, ele demonstra a aspiração de "agir no interesse comum", a incerteza quanto à escolha da carreira e a consciência das determinações sociais dessa escolha: "Nem sempre é possível abraçar a profissão para a qual nós nos sentimos impelidos, porque nossas relações com a sociedade começaram, de certa forma, antes que pudéssemos determiná-las".

Habitus, quando nos pegas!

De filho pródigo...

Em Bonn, o estudante Marx, bom bebedor, frequenta as tabernas e o clube dos poetas. Entusiasta, briguento, boêmio, é perseguido por dívidas e bate-se em duelo, apesar das reprimendas de um pai que julga incompatíveis o duelo e a filosofia.

Em 1836, com dezoito anos, vai de Bonn para Berlim. Ao longo de sua correspondência, o pai descobre em seu menino uma "paixão demoníaca". As cartas traduzem uma tensão crescente. Em 10 de novembro, Karl escreve:

> Meu caro pai, há na vida momentos que são como marcas de fronteira erguidas ao fim de um período concluído e que, ao mesmo tempo, indicam uma nova direção. A poesia não poderia ser mais do que um coadjuvante. Era necessário que eu estudasse jurisprudência, e sentia principalmente um forte desejo de me aplicar à filosofia. Tive de passar muitas noites em claro, sustentar muitas lutas [...]. Tombou um véu, meu santo dos santos estava despedaçado, era necessário procurar novos deuses. Queimei todos os poemas, todos os novos projetos.

Um mês mais tarde, Marx pai responde:

> Desordem, sombrios passeios por todos os domínios do saber, sombrias cogitações à luz de uma lamparina; a indolência em robe de intelectual, com os cabelos des-

grenhados, substitui a indolência diante do copo de cerveja: insociabilidade que afasta a todos, com desprezo a toda dignidade e a toda consideração por seu pai. Você causou a seus pais muito sofrimento e lhes deu bem pouca, ou mesmo nenhuma, alegria.

Gastador, o filho é festeiro e paga de bom grado a conta dos colegas. O pai deplora sua prodigalidade: "Como se fôssemos duendes revestidos de ouro!". Fica indignado com o descaso filial: "Mas como um homem que, a cada quinze dias, precisa inventar novos sistemas e rasgar seus velhos trabalhos poderia, pergunto, ocupar-se desses pequenos detalhes?".

Heinrich Marx morre cinco meses depois, em 10 de maio de 1838, sem reconciliação.

Nas férias de verão de 1836, o jovem Marx havia noivado secretamente com Jenny von Westphalen, quatro anos mais velha. Em Trier, as famílias Marx e Westphalen são vizinhas. As crianças compartilham brincadeiras, estudos, emoções juvenis. Cortejada como uma "maravilhosa princesa" por muitos homens da boa sociedade, Jenny é a "rainha do baile". No entanto, prefere conceder seus

favores a esse adolescente moreno e turbulento, a quem apelida "meu javali selvagem". No Natal de 1836, Karl lhe dedica três volumes de poemas, intitulados *O livro do amor*. Mas o casamento oficial só acontece sete anos mais tarde, em 19 de junho de 1843, em Kreuznach. Os dois amantes dilapidam, então, em poucas semanas, o dote da noiva.

Na véspera do casamento, Karl escreve a seu correspondente Arnold Ruge:

> Posso lhe assegurar, sem sombra de romantismo, que estou apaixonado da cabeça aos pés, o mais seriamente possível. Faz mais de sete anos que estou noivo, e minha noiva teve de enfrentar por mim duros combates, tanto contra seus parentes quanto contra minha própria família, na qual se intrometeram alguns padres e outras pessoas que não me suportam.

... a filho prodígio

Em Berlim, Karl torna-se amigo de jovens estudantes fascinados por Hegel, morto poucos anos antes, cujo espírito ronda os círculos intelectuais. Juntos, decifram a "álgebra da revolução", entusiasmam-se pela crítica da religião de Feuerbach, devoram Espinosa e Leibniz. Mas as liberdades acadêmicas estreitam-se como a pele de onagro* sob os golpes da reação prussiana. As perspectivas de carreira universitária desaparecem.

Em abril de 1841, Karl Marx torna-se doutor, defendendo em Iena a tese *A diferença entre as filosofias da natureza em Demócrito e Epicuro*. A comparação entre os dois filósofos gregos, para quem o mundo material é composto por átomos, favorece o segundo. Para Demócrito, "a necessidade seria o destino e o direito, a providência e a criadora do mundo". Para Epicuro, "a necessidade, que alguns apresentam como senhora absoluta, não existe: algumas coisas são fortuitas, outras dependem da nossa vontade" e "viver em necessidade não é uma necessidade". Os anos de formação sempre deixam traços profundos. Todos que veem em Marx um determinista vulgar, para quem todos os fenôme-

---

* Referência ao livro *A pele de onagro*, de Honoré de Balzac, que conta a história de uma pele mágica capaz de realizar os desejos de seu proprietário. A cada pedido atendido, porém, a pele se encolhe um pouco, reduzindo simultaneamente o tempo de vida daquele que a possui. (N. E.)

nos sociais decorreriam de uma implacável necessidade econômica, deveriam se lembrar desse aprendizado filosófico.

Sob Frederico Guilherme IV, a Prússia permanece um Estado reacionário e intolerante. Como a carreira universitária parece inacessível, os jovens intelectuais rebeldes dirigem-se para a imprensa. Em 1º de janeiro de 1842, surge em Colônia, sob a responsabilidade editorial de Moses Hess, o primeiro número da *Gazeta Renana*. Voltando de Berlim, o jovem dr. Marx faz aí, aos 23 anos, sua brilhante estreia como jornalista. Seus primeiros artigos sobre a liberdade de imprensa causam sensação. Em outubro, torna-se editor do jornal. Moses Hess traça, então, um retrato muito elogioso e profético:

> É um fenômeno que me causou enorme impressão [...]. Dr. Marx (esse é o nome de meu ídolo) é um homem muito jovem, de 24 anos no máximo. Ele dará na religião e na filosofia medieval o tiro de misericórdia. Ele alia a mais profunda seriedade filosófica ao espírito mais mordaz. Imagine Rousseau, Lessing, Heine e Hegel fundidos no mesmo personagem – e terá o dr. Marx.

Em janeiro de 1843 a *Gazeta Renana* é interditada pela censura. Marx cogita, então, deixar o país:

É lamentável testemunhar trabalhos servis, mesmo que em nome da liberdade, e lutar com alfinetadas e não com cacetadas. Estou cansado de hipocrisia, de estupidez, de autoridade brutal. Estou cansado de nossa docilidade, de nossa obsequiosidade, de nossos recuos, de nossas querelas por meio de palavras. Nada posso fazer na Alemanha. Aqui, falsifica-se a si mesmo.

Após celebrar seu casamento e consagrar o verão à leitura crítica das obras de Hegel sobre a questão do direito e do Estado, parte em setembro para um exílio voluntário em Paris, "velha escola superior de filosofia e capital do novo mundo".

A mutação

De outubro de 1843 a janeiro de 1845, a primeira temporada parisiense é ocasião do encontro de Marx com a imigração operária alemã e com o movimento socialista francês. Instalado com Jenny em um quarto na rua Vanneau, Karl desembarca cheio de entusiasmo e ardor nessa "capital do novo mundo", com um projeto de publicação mensal, os *Anais Franco-Alemães*. O título frisa a vontade de aliar a tradição filosófica alemã à tradição revolucionária francesa. A revista terá um só e único número. Marx nele publica dois artigos, sobre a filosofia do direito de Hegel e sobre a questão judaica. Eles traduzem sua evolução do liberalismo democrático ao socialismo, mas não ainda ao comunismo.

Em 1842, em Colônia, o jovem dr. Marx cruzara com um colaborador ainda mais jovem da *Gazeta*, três anos mais moço, a caminho de Manchester. Enquanto o estudante Marx bebia e duelava em Berlim, o turbulento Engels "de riso eterno" se entediava em Bremen, na empresa familiar de importação-exportação onde deveria fazer seu aprendizado comercial. Empreendedor enérgico e religioso rigorista, Engels pai fundou em Manchester, capital mundial dos fios de algodão, uma fábrica de fiação, Ermen & Engels, da qual era coproprietário. Destinado a ser seu sucessor, Engels filho não herdou muita vocação. Prefere escrever poemas exóticos sobre a caça aos leões e a vida livre dos beduínos, balançar-se na rede, enfumaçar-se com grossos charutos, fazer a ronda das tabernas, cobrir cadernos com esboços e caricaturas. Bebe muito, pratica esgrima e equitação e exibe um bigode provocador. Vangloria-se de não ter "comprado por um título o direito de filosofar". E envia uma circular "a todos os jovens em idade de usar bigode para lhes dizer que enfim chegou o momento de amedrontar todos os burgueses". Como "poeta supremo e beberrão de elite", declara "aos antigos, aos presentes, aos ausentes e a todos que virão" que não passam de "criaturas podres, estagnadas no desgosto da própria existência". Ele tenta até um romance espanhol, escreve uma carta à dançarina Lola Montez e se entedia profundamente.

De setembro de 1841 a outubro de 1842, Friedrich, que aos vinte anos já se declara comunista, faz seu serviço militar como voluntário na artilharia. É o início de uma paixão por assuntos militares que lhe valerá o apelido de "General".

Enviado a Manchester para continuar sua educação comercial, entra em contato com o movimento cartista e descobre, em pioneiro da sociologia urbana e da sociologia do trabalho, a condição operária. Na volta, seu encontro com Marx em Paris tem a força da paixão intelectual. Um acordo perfeito emerge de suas longas conversas no Café de la Régence. Começam a escrever juntos uma pequena brochura, *A sagrada família*. Engels volta para a Alemanha e Marx dá à brochura a dimensão de um livro, do qual escreve oito décimos. Engels, que não escreveu mais do que um curto capítulo – a bem da verdade, decisivo –, fica atônito ao ver seu nome na capa da publicação.

Na Renânia, há agitação. Reuniões e círculos comunistas multiplicam-se. Em maio de 1845, Engels publica seu próprio livro, *A situação da classe trabalhadora na Inglaterra*: "A guerra social, a guerra de todos contra todos, é aqui explicitamente declarada. [...] permanecemos espantados com o fato de este mundo enlouquecido ainda continuar funcionando"*.

Do momento utópico ao comunismo

Em artigo de 1843, "Os progressos da reforma social no continente", o jovem Engels (de apenas vinte anos) declara, não sem ilusões, um entusiasmo juvenil pelo comunismo: "Há na França mais de meio milhão de comunistas, sem contar os fourieristas e outros reformadores sociais menos radicais"[1]. O comunismo é para ele, então, uma "conclusão necessária que se tem de extrair das condições gerais da civilização moderna". Em suma, um comunismo lógico. Um "novo comunismo", produto da revolução de 1830, porque:

> [os trabalhadores] retornaram então às fontes vivas e ao estudo da grande revolução e apoderaram-se vivamente do comunismo de Babeuf, o animador da "Conspiração dos iguais" contra a reação termidoriana, em 1795. Isto é tudo que se pode dizer com certeza do comunismo moderno na França: discute-se primeiro nas ruas sombrias e nas ruelas abarrotadas de gente do subúrbio Saint-Antoine.

Antes de 1848, esse comunismo espectral, sem programa definido, ronda o espírito da época sob as formas "mal esculpidas" da seita dos Igualitários ou dos devaneios icarianos de Cabet, teórico nos anos 1840 de uma utopia comunitária.

---

* Friedrich Engels, *A situação da classe trabalhadora na Inglaterra* (trad. B. A. Schumann, 1. ed. rev., São Paulo, Boitempo, 2010), p. 68-9. (N. E.)

[1] *The New Moral World*, 4 nov. 1843. Engels separa aqui os comunistas dos fourieristas, argumentando que, em Fourier, há uma "grave contradição, porque ele não abole a propriedade privada".

Na Alemanha, pelo contrário, aparece primeiro como uma tendência filosófica. Já em agosto de 1842, "alguns entre nós no partido[2] estimavam que as mudanças unicamente políticas seriam insuficientes e declaravam que suas concepções filosóficas só poderiam caminhar junto com uma revolução social". O comunismo surge assim como uma "consequência tão necessária da filosofia hegeliana que ninguém poderia mais destruí-lo". Parece que esse "comunismo filosófico" (*sic*) está bem enraizado na Alemanha. Sua origem tem, no entanto, uma consequência paradoxal, lamenta o jovem Friedrich, na medida em que "nós recrutamos entre as classes que se beneficiaram dos privilégios da cultura, quer dizer, entre universitários e homens de negócios que não conheceram pessoalmente muitas dificuldades na vida". É por isso que "temos muito a aprender com os socialistas ingleses, que nos precederam e fizeram praticamente todo o trabalho"[3].

No início dos anos 1840, o jovem dr. Marx é mais reservado que seu colega mais moço. O comunismo (de Cabet, Demazy, Weitling) é ainda a seus olhos uma "abstração dogmática", uma "manifestação original do princípio do humanismo". Escreve a Ruge, em 30 de novembro de 1842:

> Tinha por despropositada, ou melhor, por imoral, a introdução sub-reptícia de dogmas comunistas e socialistas, ou seja, uma nova concepção de vida, nas narrativas de teatro que nada têm a ver com isso, e eu gostaria de uma discussão completamente diferente e aprofundada do comunismo, se é que o assunto merecia ser discutido...

Em nova carta a Ruge, em maio de 1843, ele pede para refletir ainda mais antes de se pronunciar:

> A nossa parte nisso tudo é trazer o velho mundo inteiramente à luz do dia e dar uma conformação positiva ao novo mundo. Quanto mais os eventos derem tempo à humanidade pensante para se concentrar e à humanidade sofredora para juntar forças, tanto mais bem-formado chegará ao mundo o produto que o presente carrega no seu ventre.*

É o contato com o proletariado parisiense e o encontro com Engels no outono de 1844 que precipitam sua mudança filosófica e política. E é durante a estadia comum na Bélgica que amadurece o sentido de seu compromisso político.

---

[2] Engels entende por partido não uma organização partidária, no sentido moderno, mas a corrente dos jovens hegelianos de esquerda, identificados com os *Anais Alemães*.
[3] Idem.
* Karl Marx, carta a Arnold Ruge, maio 1843, em *Sobre a questão judaica* (trad. Nélio Schneider, São Paulo, Boitempo, 2010), p. 69-70. (N. T.)

Engels considera a resposta polêmica de Marx a Proudhon em 1847, *Miséria da filosofia*, como a primeira definição programática concreta: "Podem considerar o sr. Marx como o chefe de nosso partido (*i.e.*, da facção mais avançada da democracia alemã), e seu recente livro contra Proudhon como nosso programa". O caminho, então, está aberto para a redação do *Manifesto* da Liga dos Comunistas, à qual os dois amigos acabam de se afiliar: "Reflita um pouco", escreve Friedrich a Karl em 25 de novembro de 1847, "sobre a profissão de fé. Creio que seja preferível abandonar a forma de catecismo e intitular essa brochura *Manifesto Comunista*". Falta agora submeter a teoria ao fogo da prática. Os fatos não tardarão a fazê-lo.

O proletariado nascente "teve de jogar-se nos braços dos doutrinários de sua emancipação" e das "seitas socialistas", dos espíritos confusos que "divagam em humanistas" no "milênio da fraternidade universal" como "abolição imaginária das relações de classes", escrevem os autores do *Manifesto*. Mas o "movimento real" que se opõe à ordem estabelecida tende a superar seu momento utópico para dar ao possível um conteúdo prático. Ele dissipa as "fantasias sectárias" e torna ridículo o "tom de oráculo da infalibilidade científica".

A leitura do capítulo III do *Manifesto Comunista*, sobre a "literatura socialista e comunista"*, mostra a que ponto as correntes revistas encontram sua equivalência nas utopias contemporâneas. Há em algumas delas – como a "ecologia profunda" – os vestígios de um "socialismo feudal", nostálgico de uma comunidade coesa, onde se misturam "jeremiadas do passado e bramidos surdos do futuro". "Ao mesmo tempo reacionário e utópico", esse socialismo nostálgico sonha em girar ao contrário a roda da divisão social do trabalho para retornar a um mundo artesanal de pequenos produtores independentes e calor familiar. Algumas versões extremas da teoria do decrescimento flertam com a nostalgia romântica de uma ordem natural harmoniosa e de uma mãe natureza benevolente, pretendem separar autoritariamente as necessidades verdadeiras das falsas, o indispensável do supérfluo. O sonho de uma "relocalização geral" da produção em oposição aos "horrores da mundialização do mercado" conduz igualmente ao mito reacionário de uma autarquia comunitária primitiva, que Naomi Klein chama de "fetichismo da vida-museu".

Encontram-se no jargão contemporâneo da autenticidade (o natural e o bruto) as formas contemporâneas desse "socialismo verdadeiro", que preferia "a

---

* Karl Marx e Friedrich Engels, *Manifesto Comunista* (trad. Álvaro Pina, 1. ed. rev., São Paulo, Boitempo, 2010), p. 59-68. (N. E.)

necessidade do verdadeiro" às "verdadeiras necessidades". Hoje, como ontem, ele pretende dissolver os antagonismos de classe no "interesse do homem em geral". Sonha com uma sociedade burguesa sem luta de classes e, se possível, sem política. Da mesma maneira que o antigo "socialismo verdadeiro" exprimia a visão de mundo da pequena burguesia alemã, o novo exprime a visão amedrontada da nova classe média, arrastada no turbilhão da mundialização do mercado. Vê-se assim reaparecerem as versões atualizadas de um "socialismo burguês" pregado pelos "filantropos humanitários", ocupados em "organizar a caridade e proteger os animais". Como os que foram outrora ridicularizados por Marx, os filantropos de hoje desejariam a "sociedade atual sem seus perigos, a burguesia sem o proletariado", as proezas dos campeões da bolsa sem o desemprego, os lucros fabulosos sobre os investimentos sem demissões nem deslocalizações. Hoje como ontem, gostariam de convencer os explorados de que é para o seu bem que os exploradores são como são.

Encontram-se, enfim, nas fantasmagorias contemporâneas todas as variantes modernizadas do "socialismo crítico-utópico" de antigamente. Na ausência de condições materiais e de forças sociais maduras para a emancipação, o protocomunismo dos anos 1830 preconiza "um asceticismo geral e um grosseiro igualitarismo". Sem perceber no proletariado embrionário qualquer criatividade histórica, substitui-o por "uma ciência e algumas leis sociais", preparadas em laboratório: os engenheiros do futuro "substituem a atividade social por sua própria imaginação pessoal; as condições históricas da emancipação por condições fantásticas; a organização gradual e espontânea do proletariado em classe por uma organização da sociedade pré-fabricada por eles". "Rejeitam, portanto, toda ação política" e se empenham em propagar o novo evangelho "pela força do exemplo, com experiências em pequena escala e que naturalmente sempre fracassam"*.

À época de Marx, essas utopias juvenis ainda tinham o frescor da novidade e a ambição de mudar o mundo. Sua versão senil contemporânea segue o diapasão da época. Modesta e minimalista, contenta-se em ajeitá-lo.

A irrupção do espectro

Em janeiro de 1845, a família Marx é expulsa de Paris para a Bélgica, após o nascimento da primeira filha, Jennychen. Em Bruxelas, o círculo familiar amplia-se com dois nascimentos, Laura (a futura companheira de Paul Lafargue) e

---

* Ibidem, p. 66-7. (N. T.)

Edgar, apelidado *Musch* [Pequena mosca]. Bruxelas é então uma plataforma dos movimentos socialistas nascentes, propícia à conspiração internacional. Na primavera de 1846, Marx e Engels criam ali um Comitê de Correspondência Comunista, cujo "objetivo principal será colocar os socialistas alemães em contato com os socialistas franceses e ingleses": "É um passo que o movimento terá dado em sua expressão literária a fim de se desvencilhar da nacionalidade". Na mesma época, os dois compadres começam a acertar contas com a filosofia especulativa alemã. É o enorme manuscrito de *A ideologia alemã*. Logo abandonado à "crítica roedora dos ratos", só será publicado após a morte de ambos.

Em Bruxelas, Marx é um jovem que se aproxima dos trinta anos. Um visitante o descreve como "um homem cheio de energia, força de vontade, de uma convicção inabalável", com "uma espessa cabeleira, mãos aveludadas, paletó mal abotoado", cujas maneiras "vão de encontro a todas as convenções sociais, mas exalam um ar de orgulho, com um toque de desprezo" e cuja voz "cortante e metálica" exprime bem seus "julgamentos radicais sobre as coisas e as pessoas". Ao fim de 1845, ele renuncia voluntariamente à nacionalidade prussiana para tornar-se apátrida.

Desde sua chegada a Paris, mesmo prestando homenagem aos pioneiros dos socialismos utópicos, Marx manifestou a vontade de ultrapassar seus balbucios doutrinários:

> Não queremos antecipar dogmaticamente o mundo, mas, ao contrário, encontrar o novo mundo a partir da crítica ao antigo. [...] Embora a construção do futuro e sua consolidação definitiva não sejam assunto nosso, tanto mais líquido e certo é o que atualmente temos de realizar; refiro-me à crítica radical da realidade dada; radical tanto no sentido de que a crítica não pode temer os seus próprios resultados quanto no sentido de que não pode temer os conflitos com os poderes estabelecidos. Não nos apresentamos ao mundo como doutrinários com um novo princípio: aqui está a verdade, ajoelhem-se diante dela! Trazemos ao mundo os princípios que o próprio mundo desenvolveu em seu seio. Nós apenas lhe mostramos por que exatamente ele luta.

Assim, o comunismo a que adere não é uma cidade imaginária em esboço, mas o "movimento real que suprime a ordem existente". Em seus manuscritos parisienses de 1844 [*Manuscritos econômico-filosóficos*], já o define como a "expressão positiva da propriedade privada abolida". Mas também adverte contra as formas primitivas e rudes de um comunismo que seria somente a "consumação do nivelamento a partir do mínimo"; que não suprimisse a categoria de trabalhador, mas se contentasse em estendê-la a todos os homens; que não se opusesse ao casamento – "que é certamente uma forma de propriedade privada exclusiva" – ou a uma "comunidade de mulheres, na qual a mulher se tornasse uma propriedade coletiva e comum".

Na primavera de 1847, Marx e Engels ingressam na Liga dos Justos, animada por imigrantes alemães em Paris. Seu congresso acontece em 1º de junho, em Londres, e lá é decidida a mudança de nome para Liga dos Comunistas. O lema "Todos os homens são irmãos" é substituído por "Proletários de todos os países, uni-vos".

O segundo congresso acontece em novembro do mesmo ano, ainda em Londres. Marx é encarregado de redigir com Engels um manifesto. Em dezembro, põem-se a trabalhar, mas há um atraso. Os dirigentes londrinos da Liga se impacientam. Quando, em fevereiro de 1848, estão no prelo as últimas provas do *Manifesto Comunista*, Paris vive uma revolução.

O espectro do comunismo ronda de fato a Europa.

O jovem espadachim imberbe berlinês tornou-se um homem barbudo e comunista.

Bibliografia selecionada

BENSAÏD, Daniel. *Passion Karl Marx*: les hiéroglyphes de la modernité. Paris, Textuel, 2001.

CALLINICOS, Alex. *Les idées révolutionnaires de Marx*. Paris, Syllepse, 2008.

CORNU, Auguste. *Karl Marx et Friedrich Engels*, 4 v. Paris, PUF, 1955-1970.

KORSCH, Karl. *Karl Marx*. Paris, Champ Libre, 1971.

MALER, Henri. *Congédier l'utopie? L'utopie selon Karl Marx*. Paris, L'Harmattan, 1994.

MEHRING, Franz. *Karl Marx, histoire de sa vie*. Paris, Éditions Sociales, 1983 [ed. bras.: *Karl Marx*: a história de sua vida. São Paulo, Sundermann, 2013].

RIAZANOV, David. *Marx et Engels*. Paris, Anthropos, 1974.

2

DE QUE MORREU DEUS?*

Os dois artigos publicados por Marx em Paris, no ano de 1844 – "Crítica da filosofia do direito de Hegel – Introdução" e "Sobre a questão judaica" –, não se limitam a anunciar a morte do Deus das religiões. Eles se empenham no combate contra os fetiches e os ídolos substitutos: o Dinheiro e o Estado.

Em *A essência do cristianismo***, Feuerbach não só mostrou que o homem não é a criatura de Deus, e sim seu criador. Não só sustentou que "o homem *faz a religião*, a religião não faz o homem". Ele também comprovou que "a filosofia é simplesmente a religião transposta para a ideia e por esta desenvolvida", escreve Marx. Ao fazer "da relação social do homem com o homem o princípio fundamental da teoria", "fundou o verdadeiro materialismo". Pois o homem não é um homem abstrato, "acocorado fora do mundo", é o "*mundo do homem*", o homem em sociedade que produz, troca, luta, ama. É o Estado, é a sociedade.

O ópio do povo

Uma vez admitido que esse homem real não é a criatura de um Deus todo-poderoso, resta saber de onde vem a necessidade de inventar uma vida após a vida, de imaginar um Céu livre das misérias terrestres. "A miséria *religiosa* constitui ao mesmo tempo a *expressão* da miséria real e o *protesto* contra a miséria real. A religião é o suspiro da criatura oprimida, o ânimo de um mundo sem coração, assim como o espírito de estados de coisas embrutecidos. Ela é o *ópio* do povo."*** Como o ópio, ela atordoa e ao mesmo tempo acalma.

---

* Trechos deste capítulo foram publicados anteriormente em Daniel Bensaïd, "Apresentação" e "Posfácio", em Karl Marx, *Sobre a questão judaica* (trad. Nélio Schneider, São Paulo, Boitempo, 2010). (N. T.)

** 2. ed., Petrópolis, Vozes, 2009. (N. E.)

*** Karl Marx, "Crítica da filosofia do direito de Hegel – Introdução", em *Crítica da filosofia do direito de Hegel* (trad. Rubens Enderle e Leonardo de Deus, 2. ed. rev., São Paulo, Boitempo, 2010), p. 145. (N. E.)

Portanto, a crítica da religião não pode se contentar, como acontece com o anticlericalismo maçônico e o racionalismo das Luzes, em ser hostil com o clero, com o imame ou com o rabino. Essa abordagem da questão religiosa é também adotada por Engels logo após a Comuna de Paris. Ele considera "o problema do ateísmo ultrapassado" e critica alguns exilados parisienses por quererem "transformar as pessoas em ateias por ordem do mufti", em vez de tirarem lições da experiência.

> Pode-se ordenar tudo o que se quer no papel sem que, no entanto, isso seja colocado em prática, e as perseguições são a melhor maneira de dar origem a fiéis estorvantes. Uma coisa é certa: o único serviço que se pode prestar a Deus, hoje, é declarar que o ateísmo é um artigo de fé obrigatório e sobrevalorizar as leis anticlericais, proibindo a religião em geral.

Desde 1844, trata-se para Marx de atacar as condições sociais que provocam uma necessidade de crença e de paraíso artificiais:

> A supressão [*Aufhebung*] da religião como felicidade *ilusória* do povo é a exigência da sua felicidade real. A exigência de que abandonem as ilusões acerca de uma condição é a exigência de que abandonem uma condição que necessita de ilusões. A crítica da religião é, pois, em *germe*, a *crítica do vale de lágrimas*, cuja *auréola* é a religião.*

A crítica da religião visa, assim, a um objetivo necessário, mas limitado: privar o homem de suas ilusões, de seus consolos ilusórios, frustrá-lo, abrir-lhe os olhos "a fim de que ele pense, aja, configure a sua realidade como um homem desenganado, que chegou à razão, a fim de que ele gire em torno de si mesmo, em torno de seu verdadeiro sol". Uma vez acabado "o *além da verdade*" religioso, a tarefa histórica é estabelecer "*a verdade do aquém*" e "desmascarar a autoalienação nas suas *formas não sagradas*": "A crítica do céu transforma-se, assim, na crítica da terra, a *crítica da religião*, na *crítica do direito*, a *crítica da teologia*, na *crítica da política*"**.

Ao proclamar que, para a Alemanha, "a *crítica da religião* está, no essencial, terminada", mas que ela é o "pressuposto de toda a crítica"***, a "Crítica da filosofia do direito de Hegel – Introdução", de 1844, tem um ar de manifesto antes do *Manifesto Comunista* e o de um programa de trabalho que anuncia as novas tarefas da crítica. O artigo "Sobre a questão judaica", publicado no mes-

---

* Ibidem, p. 145-6. (N. E.)
** Ibidem, p. 146. (N. E.)
*** Ibidem, p. 145. (N. E.)

mo e único número dos *Anais Franco-Alemães*, muitas vezes entendido em sentido inverso, é seu prolongamento ou sua primeira aplicação prática.

Em 1842, em artigo sobre "a capacidade dos atuais judeus e cristãos de se tornarem livres", Bruno Bauer, antigo companheiro de Marx em Berlim, defendera que, para terem acesso à cidadania em um Estado constitucional, os judeus deveriam antes renunciar a ser um povo "eternamente separado dos outros" e, consequentemente, a uma religião fundamentada no mito da eleição original. Portanto, eles só seriam emancipados politicamente quando tivessem abdicado do judaísmo e, por sua vez, o Estado constitucional renunciado ao cristianismo.

Para Marx, a posição de Bauer continuava a considerar o ateísmo como condição necessária e suficiente para a igualdade civil, "ignorando a essência do Estado". Ou seja, bastaria que os judeus quisessem ser livres, quisessem expulsar Deus de seus pensamentos, para que de fato se libertassem. Para Marx, ao contrário, é tempo de saltar "do socialismo puramente espiritual à *política*"*. Em resposta a

---

* Karl Marx, "Primeira campanha da crítica absoluta", em Karl Marx e Friedrich Engels, *A sagrada família* (trad. Marcelo Backes, São Paulo, Boitempo, 2003), p. 107. (N. E.)

Bauer, tomando o exemplo dos Estados Unidos, naquela época o país politicamente mais livre, onde, no entanto, as religiões permaneciam muito fortes, Marx demonstra "que a *desintegração* do homem em *cidadão* não religioso e em *homem privado* religioso não contradiz de modo algum a emancipação política"*.

O que ele combate, por intermédio de Bauer, são as ilusões de um ateísmo que é apenas uma crítica abstrata e ainda religiosa da religião, que permanece no plano não prático das ideias. Esse ateísmo à moda de Bauer (ou de

---

* Idem, "Terceira campanha da crítica absoluta", em Karl Marx e Friedrich Engels, *A sagrada família*, cit., p. 124. (N. E.)

Michel Onfray*!), a seus olhos, não passa da "fase final do *teísmo*" e de uma espécie de "reconhecimento *negativo* de Deus"**. Nesse mesmo ano de 1844, Marx escreve em seus manuscritos parisienses: "a filantropia do ateísmo é, por conseguinte, primeiramente apenas uma filantropia *filosófica* abstrata, a do comunismo de imediato [é] *real* e imediatamente distendida ao *efeito*"***. O ateísmo filosófico é, assim, a ideologia da burguesia esclarecida, que percebe a necessidade de liberar a economia dos entraves da religião sem tocar na ordem social. Ele encontra no positivismo e no culto ao progresso sua expressão mais persuasiva.

A "questão judaica"

A polêmica com Bruno Bauer vale hoje a Marx uma fama falsa e perversa. A lenda de um Marx antissemita instalou-se no dicionário das ideias recebidas. Antes de tudo, é um anacronismo grosseiro. O antissemitismo racial ganhou importância na segunda metade do século XIX, paralelamente ao desenvolvimento do racismo colonial, de que são emblemáticas as teorias de Gobineau e Chamberlain, ou do darwinismo social. Segundo o *Dictionnaire historique de la langue française* [Dicionário histórico da língua francesa], o termo surgiu apenas em 1879. Antes, tratava-se de um antijudaísmo religioso, alimentado pelo mito bíblico. Os dois conceitos, é óbvio, podem se fundir e sobrepor. Quanto à "afinidade eletiva" entre judeus e dinheiro, evocada no texto de Marx, essa era à época uma banalidade literária não apenas entre os panfletários como Toussenel ou Bakunin, mas também entre os escritores como Balzac – *A casa Nucingen*! –, mais tarde Zola e outros autores de origem judaica, como Heinrich Heine ou Moses Hess. E ainda mais tarde no *David Golder*, de Irène Némirovsky.

Quanto a Marx, embora, arrebatado por seu universalismo, possa se irritar com a mitologia de povo eleito e com o particularismo comunitário, não deixa de apoiar o movimento dos judeus de Colônia pelos direitos civis. Em carta a Ruge em março de 1843, conta como aceitou redigir, a pedido deles, uma petição para o reconhecimento desses direitos:

> Agora mesmo, recebo aqui a visita do chefe da comunidade judaica, que me pede para redigir, para os judeus, uma petição à Dieta. Vou fazê-la. Por maior que seja

---

* Filósofo francês, ateísta militante. (N. T.)
** Ibidem, p. 123. (N. E.)
*** Karl Marx, *Manuscritos econômico-filosóficos* (trad. Jesus Ranieri, São Paulo, Boitempo, 2004), p. 106. (N. T.)

minha repugnância pela religião israelita, a maneira de ver de Bauer me parece demasiadamente abstrata. No que depende de nós, trata-se de abrir o maior número possível de brechas no Estado cristão e nele introduzir secretamente a razão.

Longe de contradizer as teses de "Sobre a questão judaica", escrito poucas semanas depois, esse gesto é, ao contrário, sua ilustração prática. Procura-se "emancipar o Estado do judaísmo, do cristianismo, da religião em geral", em outras palavras, separar o Estado secular da Igreja emancipando-se da religião de Estado, de tal forma que este não professe nenhuma religião, mas se mostre simplesmente pelo que é. Não se deve acreditar, no entanto, que sob o pretexto de "ter obtido liberdade religiosa" o homem esteja liberado da religião, da propriedade, do egoísmo profissional. Em outras palavras, longe de ser um fundamentalista laico e de fazer do ateísmo uma nova religião de Estado, Marx é, em questão de liberdade de culto, um liberal no sentido antigo do termo: um defensor feroz das liberdades públicas.

Quando bem mais tarde, em 1876, durante uma cura termal em Karlovy Vary, ele depara com Heinrich Graetz, pioneiro de estudos judaicos desde os anos 1840, autor de uma monumental *Histoire du peuple juif* [História do povo judeu], advogado da desassimilação, o encontro é muitíssimo cordial. Em sinal de estima recíproca, presenteiam-se com suas obras. Marx certamente está muito distante de um Proudhon, que deseja o fechamento de todas as sinagogas e a deportação em massa dos judeus para a Ásia, e dos sinais precursores do antissemitismo racial, destinado a ser, segundo a fórmula do socialista alemão August Bebel, o "socialismo dos imbecis".

O primeiro comunismo

A crítica do ateísmo contemplativo e abstrato leva Marx a se distanciar de Feuerbach, que "não vê que o próprio sentimento religioso é um produto social e que o indivíduo abstrato que ele analisa pertence a uma forma de sociedade bem determinada". Esse materialismo, que faz do espírito uma emanação da natureza, e não o contrário, mantém a perspectiva da sociedade burguesa. Tem de ser superado por um "novo materialismo", que se coloque na perspectiva da "sociedade humana ou da humanidade social": "Assim, uma vez que se descobriu que a família terrestre é o segredo da Sagrada Família, é justamente a primeira que deve ser aniquilada na teoria e na prática".

Esse novo materialismo social, essa superação do ateísmo abstrato, é simplesmente o comunismo:

Da mesma maneira que o ateísmo, enquanto negação de Deus, é o desenvolvimento do humanismo teórico, o comunismo, enquanto negação da propriedade privada, é a reivindicação da verdadeira vida humana como propriedade do homem: o comunismo é o desenvolvimento do humanismo prático. Em outras palavras, o ateísmo é o humanismo mediado pela supressão da religião, e o comunismo é o humanismo mediado pela supressão da propriedade privada.

É preciso ainda distinguir diferentes momentos no desenvolvimento da ideia comunista. Em sua forma primitiva, o "comunismo rude" quer aniquilar tudo o que não é suscetível de ser possuído por todos. A condição do trabalhador não é suprassumida, mas estendida a todos os homens. A propriedade privada generalizada encontra "sua expressão animal" na comunidade das mulheres. Esse "comunismo rude é só o aperfeiçoamento desta inveja e deste nivelamento a partir do mínimo *representado*". A suprassunção da propriedade privada, nesse caso, não é a apropriação social efetiva, mas "a negação abstrata do mundo inteiro da cultura [*Bildung*] e da civilização; o retorno à simplicidade *não natural* do ser humano *pobre* e sem carências que não ultrapassou a propriedade privada, e nem mesmo até ela chegou"*.

O comunismo político ou democrático visa à supressão do Estado, à superação da alienação humana e ao "retorno do homem para si". Mas, não tendo ainda compreendido "a essência positiva da propriedade privada e muito menos a natureza *humana* da carência, ele ainda continua embaraçado na mesma e por ela infectado". "O *comunismo* na condição de suprassunção [*Aufhebung*] *positiva* da *propriedade privada*, enquanto *estranhamento-de-si* [*Selbstentfremdung*] *humano*, e por isso enquanto *apropriação* efetiva da essência *humana* pelo e para o homem", é "a verdadeira resolução [*Auflösung*] do conflito entre a existência e a essência, entre objetivação e autoconfirmação [*Selbstbestätigung*], entre liberdade e necessidade [*Notwendigkeit*], entre indivíduo e gênero"**.

Se para suprassumir o pensamento da propriedade privada "basta de todo o comunismo *pensado*", para suprassumir a propriedade privada efetiva "é preciso uma ação comunista *efetiva*", um movimento que "sofrerá na efetividade um processo muito áspero e extenso"***. Em suma, enquanto o ateísmo é apenas a negação abstrata de Deus, o comunismo é sua negação concreta. Ele vai à raiz

---

* Ibidem, p. 103-4. (N. E.)
** Ibidem, p. 105. (N. E.)
*** Ibidem, p. 145. (N. E.)

MARX NA COREIA DO NORTE

das coisas e procura acabar praticamente com um mundo de frustrações e misérias das quais surge a necessidade de consolo divino.

A crítica dos fetiches terrestres

Acabar de uma vez por todas com o Deus celeste de sinistra memória é também acabar com seus substitutos terrestres, com todas as criações humanas que se edificam diante dos homens como poderes autônomos, como fetiches que os transformam em joguetes, a começar pelo Estado e pelo Dinheiro, mas igualmente pela Sociedade ou pela História.

O *Dinheiro*: "tudo aquilo que tu não podes, pode o teu dinheiro: ele pode comer, beber, ir ao baile, ao teatro, sabe de arte, de erudição, de raridades históricas, de poder político, pode viajar, *pode* apropriar-se disso tudo para ti; pode comprar tudo isso; ele é a verdadeira *capacidade*". Tem a aparência de um simples meio mas é o "verdadeiro poder e a finalidade única". É o poder corruptor que transforma "a fidelidade em infidelidade, o amor em ódio, o ódio em amor, a virtude em vício, o vício em virtude... a estupidez em entendimento, o entendimento em estupidez"*. Ele "confunde e embaralha tudo". É a "confusão geral".

A *Sociedade* não é um conjunto nem um corpo em que os indivíduos são somente peças ou membros: "é preciso evitar fixar mais uma vez a 'sociedade' como abstração frente ao indivíduo. O indivíduo é o ser social. Sua manifestação de vida [...] é, por isso, uma externação e confirmação da vida social"**.

A *História* não é este personagem todo-poderoso, a História universal, da qual seríamos marionetes. "A *História* não faz *nada*", escreve sobriamente Engels em *A sagrada família*. "Não luta *nenhum* tipo de luta! [...] não é, por certo, a 'História', que utiliza o homem como meio para alcançar *seus* fins – como se se tratasse de uma pessoa à parte –, pois a História *não é senão* a atividade do homem que persegue seus objetivos."*** A história presente e aquela por vir não são a meta da história passada. "Traçar planos para a eternidade não é problema nosso", escreve Marx já em 1843. Em 1845, os dois esclarecem em *A ideologia alemã*:

> A história nada mais é do que o suceder-se de gerações distintas [...] o que então pode ser especulativamente distorcido, ao converter-se a história posterior na finalidade da anterior [...]. Com esse procedimento, é infinitamente fácil dar à histó-

---

* Ibidem, p. 142, 160. (N. T.)
** Ibidem, p. 107. (N. T.)
*** Friedrich Engels, "Segunda campanha da crítica absoluta", em Karl Marx e Friedrich Engels, *A sagrada família*, cit., p. 111. (N. T.)

ria orientações únicas, bastando apenas descrever o seu último resultado como "a tarefa" que "ela, na verdade, desde sempre se propôs".*

À diferença da história religiosa, a história profana não conhece predestinação nem julgamento final. É uma história aberta, que faz no presente a "crítica radical de toda a ordem existente", uma luta entre classes, com desfecho incerto.

Como Deus morreu? E de que? Gravemente ferido dois séculos antes pela demonstração de que a Terra gira em torno do Sol, pela observação de manchas na Lua pouco compatíveis com a pureza divina, pela descoberta do movimento elíptico dos planetas, contradizendo a perfeição circular, esse Deus de sinistra memória sofre, no século XIX, novos golpes. A datação geológica arruína o mito bíblico da criação. A teoria da evolução reenvia a criatura adâmica à sua origem animal. Essas feridas narcisistas acumuladas tornam-se mortais quando os homens aprendem que eles mesmos fazem sua história em condições que não escolheram. Deus é, de certa forma, a primeira vítima colateral da luta de classes no cenário de uma história tornada profana.

Após o ajuste de contas com a herança de Hegel, a ruptura com a de Feuerbach é registrada nas Teses de 1845. Desse ponto em diante, é "na prática que o homem tem de provar a verdade, isto é, a realidade e o poder, a natureza

---

* Idem, *A ideologia alemã* (trad. Rubens Enderle, Nélio Schneider e Luciano Cavini Martorano, São Paulo, Boitempo, 2007), p. 40, 149. (N. T.)

interior [*Diesseitigkeit*] de seu pensamento". "A coincidência entre a altera[ção] das circunstâncias e a atividade ou automodificação humanas só pode ser apreendida e racionalmente entendida como *prática revolucionária*" (tese 3). Não basta, como ainda faz Feuerbach, dissolver "a essência religiosa na essência *humana*" porque, em realidade, essa essência é simplesmente o "conjunto das relações sociais" e "toda vida social é essencialmente *prática*": "Todos os mistérios que conduzem a teoria ao misticismo encontram sua solução racional na prática humana e na compreensão dessa prática" (tese 8).

Até então, os filósofos tinham se contentado em interpretar o mundo "de diferentes maneiras"; o que importa agora "é transformá-lo". Para transformá-lo, certamente é preciso continuar a decifrá-lo e interpretá-lo, mas interpretá-lo de outro modo, de maneira crítica e prática. Esgotou-se a crítica da religião e da filosofia especulativa. Daqui para a frente, é a vez da "crítica da economia política", que vai mobilizar a inteligência de Marx até sua morte.

Bibliografia selecionada

BALIBAR, Étienne. *La philosophie de Marx*. Paris, La Découverte, 1993 [ed. bras.: *A filosofia de Marx*. Rio de Janeiro, Zahar, 1995].

GOLDMANN, Lucien. *Marxisme et sciences humaines*. Paris, Gallimard, 1970.

HYPPOLITE, Jean. *Études sur Marx et Hegel*. Paris, Marcel Rivière, 1955.

KOUVÉLAKIS, Eustache. *Philosophie et revolution*: de Kant à Marx. Paris, PUF, 2003.

LABICA, Georges. *Le statut marxiste de la philosophie*. Bruxelas, Complexe, 1976.

_____. *Karl Marx, les thèses sur Feuerbach*. Paris, PUF, 1987 [ed. bras.: *As teses sobre Feuerbach*. Rio de Janeiro, Zahar, 1990].

MANDEL, Ernest. *La formation de la pensée économique de Marx*. Paris, Maspero, 1967 [ed. bras.: *A formação do pensamento econômico de Karl Marx*. Rio de Janeiro, Zahar, 1968].

MARX, Karl, *Sur la question juïve*. Présentation et commentaires de Daniel Bensaïd. Paris, La Fabrique, 2006 [ed. bras.: *Sobre a questão judaica*. Apresentação e comentários de Daniel Bensaïd. São Paulo, Boitempo, 2010].

3

POR QUE A LUTA TEM CLASSE

O comunismo a que Marx adere, no início dos anos 1840, ainda é uma ideia filosófica, um espectro sem corpo nem carne. O mesmo pode ser dito do proletariado. Ele faz sua aparição no artigo dos *Anais Franco-Alemães* sobre a filosofia do direito como "possibilidade positiva" de emancipação social. Essa possibilidade repousa, com efeito,

> na formação de uma classe com *grilhões radicais*, de uma classe da sociedade civil que não seja uma classe da sociedade civil, de um estamento que seja a dissolução de todos os estamentos, de uma esfera que possua um caráter universal mediante seus sofrimentos universais e que não reivindique nenhum *direito particular* porque contra ela não se comete uma *injustiça particular*, mas a *injustiça por excelência*.*

E que não pode se emancipar sem "emancipar todas essas esferas [da sociedade]": "Tal dissolução da sociedade, como um estamento particular, é o *proletariado*".

Em sua espetacular entrada em cena, mesmo que sua formação esteja ligada ao "emergente movimento *industrial*"**, esse proletariado ainda é uma abstração, a negação abstrata da propriedade e o agente ativo da filosofia, que procura nele suas "armas materiais", assim como ele busca na filosofia suas "armas espirituais".

A cabeça e as pernas, em síntese.

O proletariado em carne e osso

Em Paris, nos círculos operários esfumaçados do subúrbio Saint-Antoine, entre os numerosos imigrantes alemães, Marx descobre esse "movimento prático" e suas novas formas de sociabilidade:

---

* Karl Marx, *Crítica da filosofia do direito de Hegel* (trad. Rubens Enderle e Leonardo de Deus, São Paulo, Boitempo, 2010), p. 156. (N. T.)
** Idem. (N. T.)

Quando os *artesãos* comunistas se unem, vale para eles, antes de mais nada, como finalidade a doutrina, propaganda etc. Mas ao mesmo tempo eles se apropriam, dessa maneira, de uma nova carência, a carência de sociedade, e o que aparece como meio, tornou-se fim. Este movimento prático pode-se intuir nos seus mais brilhantes resultados quando se vê operários (*ouvriers*) socialistas franceses reunidos. Nessas circunstâncias, fumar, beber, comer etc., não existem mais como meios de união ou como meios que unem. A sociedade, a associação, o entretenimento, que novamente têm a sociedade como fim, basta a eles; a fraternidade dos homens não é nenhuma frase, mas sim verdade para eles, e a nobreza da humanidade nos ilumina a partir d[ess]as figuras endurecidas pelo trabalho.*

O encontro com Engels, que traz da Inglaterra um conhecimento concreto da classe trabalhadora e do movimento cartista, é a oportuna confirmação dessa descoberta.

Antes de ser confrontado com a emergência do proletariado moderno, Marx já tinha tratado de questões econômicas e sociais na época em que dirigia a *Gazeta Renana*. Em 1859, ao relembrar o "percurso de seus próprios estudos econômicos", ele recorda as circunstâncias em que teve de "falar pela primeira vez, com grande embaraço, dos chamados interesses materiais". Isso aconteceu em 1842, na Renânia, durante os debates parlamentares sobre o furto da madeira e a fragmentação da terra. Nos anos 1820-1840, não apenas na Alemanha, mas também na França durante a Restauração e na Inglaterra com a famosa Lei dos Pobres de 1834, uma série de medidas legislativas restringe os direitos consuetudinários dos pobres (recolhimento de madeira, respiga, pasto livre), que autorizavam o uso de bens comuns para satisfazer necessidades básicasDestroem-se as formas elementares de solidariedade camponesa e paroquial e transformam-se os bens comuns tradicionais (como a madeira) em mercadorias, com a intenção de impelir os aldeões para as cidades e obrigá-los a se vender e se exaurir na indústria nascente. Da mesma forma, hoje a contrarreforma liberal desmantela metodicamente o direito ao trabalho e os sistemas de proteção social para coagir os trabalhadores a aceitar condições de salário e emprego cada vez mais retrógradas.

Na verdade, essas medidas destinam-se a redefinir a fronteira entre o domínio público e a propriedade privada. Ao atacar o direito de utilização dos bens comuns, elas investem contra o que Marx chama de "formas híbridas e incertas de propriedade", herdadas de um passado longínquo. É, desse modo,

---

* Idem, *Manuscritos econômico-filosóficos* (trad. Jesus Ranieri, São Paulo, Boitempo, 2004), p. 145-6. (N. T.)

a partir da questão da propriedade, que o jovem Marx aborda a luta de classes moderna.

"A história de todas as sociedades até hoje existentes é a história das lutas de classes." Em nota para a reedição do *Manifesto Comunista*, Engels esclarece a frase inicial do capítulo intitulado "Burgueses e proletários": "isto é, toda história *escrita*", porque "a pré-História, a organização social anterior à história escrita, era desconhecida em 1847"*. De fato, naquela época as pesquisas antropológicas ainda engatinhavam.

Mas, mesmo restrita à história escrita, a fórmula só é aceitável se a palavra "classe" tiver um sentido amplo, que englobe formas diferentes de agrupamentos sociais (castas, clãs, ordens, estados, *status*), e não apenas as "classes modernas", que pressupõem o "trabalhador livre" e as relações de produção capitalistas. As sociedades antigas tendiam a "tornar as profissões hereditárias", "petrificá-las em castas" ou, ainda, "ossificar em corporações os diferentes ramos da indústria". Na sociedade capitalista, o trabalhador não está atrelado por seu nascimento a um *status* ou a um grupo hereditário. Ele é teoricamente livre, o que permite a todos o devaneio da promoção social ou do sucesso pessoal. Todos podem sonhar que são Henry Ford. Mas não existe evasão em massa da condição trabalhadora.

Em um sentido amplo, a divisão da sociedade em classes provém da divisão do trabalho. Tão logo a produtividade, graças ao uso de ferramentas, atinge a capacidade de gerar e acumular um excedente, surgem as castas, a começar pelos padres, encarregados de contabilizar e administrar esse excedente social. Na escravidão e na vassalagem, a relação de exploração é imediatamente visível. Nas formas de trabalho forçado ou corveia, o sobretrabalho é extorquido pelo monopólio da violência. No contrato de trabalho moderno, a violência e a coação estão ocultas, mas conservam sua força.

Em vão busca-se em Marx uma definição simples de classes ou um quadro estatístico das categorias socioprofissionais. Ou seja, as classes aparecem em seus escritos como uma relação antagônica recíproca. Definem-se na luta e pela luta. Para Marx, a luta de classes é uma noção estratégica tanto como ou mais do que sociológica.

---

* Karl Marx e Friedrich Engels, *Manifesto Comunista* (trad. Álvaro Pina, 1. ed. rev., São Paulo, Boitempo, 2010), p. 40. (N. E.)

Exploradores e explorados

O Livro I de *O capital*, sobre o processo de produção, sobre o que se passa no local de trabalho, chama a atenção para a relação de exploração (a extorsão do mais-valor nos porões do mercado, onde se elucida o prodígio do dinheiro que parece fazer dinheiro, fertilizar a si mesmo em mistério tão fantástico quanto a imaculada conceição). Esse fato advém da separação entre o trabalhador e seus meios de produção, entre o camponês e a terra, entre o operário e as máquinas e ferramentas, transformadas em propriedade exclusiva do patrão. Na esfera da produção, no entanto, a relação de exploração é apenas a carcaça ou o esqueleto das relações de classe, quer dizer, sua forma mais rudimentar. No capítulo 8 do Livro I, "a regulamentação da jornada de trabalho se apresenta, na história da produção capitalista, como uma luta em torno dos limites da jornada de trabalho – uma luta entre o conjunto dos capitalistas, *i.e.*, a classe capitalista, e o conjunto dos trabalhadores, *i.e.*, a classe trabalhadora". Nesse sistema (capitalista), "todos os meios para o desenvolvimento da produção se convertem em meios de dominação e exploração do produtor" e fazem dele um "ser parcial, degradam-no à condição de um apêndice da máquina". Alienam ao trabalhador, junto a outras potências hostis, "a ciência como potência autônoma". Ao trabalho criativo, substituem o trabalho forçado e "transformam seu tempo de vida em tempo de trabalho"*.

O Livro II, sobre o processo de circulação (o caminho que percorre o capital desde o investimento inicial em dinheiro até a obtenção do lucro, passando pela produção e pelo consumo das mercadorias), introduz determinações novas, como as relações salariais, a compra e a venda da força de trabalho. Introduz particularmente as noções de trabalho (diretamente) produtivo e não – ou indiretamente – produtivo (da mesma forma que o Livro I tinha introduzido as noções de trabalho concreto/trabalho abstrato). Porém, esse nível conceitual não inclui um critério de definição de classes, ao contrário do que pensam alguns autores, que consideram a identidade entre trabalho produtivo e classe trabalhadora o fundamento de uma concepção restritiva e operarista do proletariado. Uma das consequências desse enfoque, em razão da desindustrialização e descentralização industrial, é o questionamento da própria existência do proletariado. No entanto, desde que exista separação entre o trabalhador e os meios

---

* Karl Marx, *O capital*, Livro I (trad. Rubens Enderle, São Paulo, Boitempo, 2013), p. 390 e 720. (N. E.)

de produção (terra, ferramentas) e que o detentor da força de trabalho se defronte com os meios de produção como propriedade alheia, "existe uma relação de classes entre capitalista e assalariado":

> trata-se de compra e venda, de uma relação monetária de compra e venda, em que o comprador é um capitalista e o vendedor um assalariado, e essa relação resulta do fato de as condições necessárias à ação da força de trabalho – meios de existência e meios de produção – estarem separadas, enquanto propriedade alheia, do detentor da força de trabalho.

O Livro III de *O capital* aborda o processo global da produção (e da reprodução) capitalista. Não se trata simplesmente de acompanhar o percurso de um capital abstrato e único ao longo de suas metamorfoses, e sim de compreender o movimento conjunto de múltiplos capitais em concorrência no mercado. É apenas nesse nível, mais concreto, que as relações de classes aparecem como o conflito entre o "trabalhador global" e o "capitalista global". Torna-se perfeitamente lógico que o capítulo inacabado sobre as classes, em que se interrompe a edição do Livro III, pare nesse ponto preciso. Na prática, a divisão em classes jamais aparece de forma pura, porque "as formas intermediárias e transitórias atenuam os limites precisos". No capítulo inacabado, as "grandes classes" parecem "à primeira vista" definidas pelas fontes de renda – salário, lucro e renda fundiária –, relacionadas à propriedade de "simples força de trabalho", do capital ou da terra. Mas, "à primeira vista somente", porque, observando de mais perto, essas grandes divisões se complicam no campo da luta política. À pergunta simples "O que constitui uma classe?", Marx responde que, se a definição for feita pela renda, chega-se a uma pulverização ligada à "infinita variedade de interesses e situações que a divisão social do trabalho provoca na classe trabalhadora, na classe capitalista e nos proprietários fundiários, estes, por exemplo, divididos em viticultores, proprietários de campos, florestas, minas, locais de pesca etc.". "Aqui termina o manuscrito de Marx", anota simplesmente Engels, sem comentários.

Ou seja, o manuscrito termina em um insustentável suspense teórico, uma pergunta sem resposta, que possivelmente se complicaria ainda mais nos livros inicialmente previstos e depois abandonados sobre o Estado e o mercado mundial. Eles introduziriam sem dúvida novas determinações que permitiriam considerar o papel específico da burocracia (esboçado na *Crítica da filosofia do direito de Hegel*) ou as contradições do proletariado em escala internacional.

"Grandes grupos de pessoas"

Assim, não se encontra nas obras de Marx, nem mesmo em *O capital*, uma definição definitivamente fixada de classes, mas uma abordagem dinâmica, na história e na luta. Quando ele fala de proletários, não fala do trabalhador industrial emblemático – Jean Gabin em *Trágico amanhecer* ou os operários da Fiat em *Rocco e seus irmãos* – nem dos ferroviários e mineiros lendários de Zola, mas dos trabalhadores de ofício, artesãos, costureiros, sapateiros, joalheiros, encanadores. Na realidade, o proletariado nunca deixou de se metamorfosear, em função das técnicas e da organização do trabalho. É por isso que, em vez de definições formais, encontram-se em Marx algumas aproximações descritivas, como em *O 18 de brumário de Luís Bonaparte*:

Milhões de famílias existindo sob as mesmas condições econômicas que separam o seu modo de vida, os seus interesses e a sua cultura do modo de vida, dos interesses e da cultura das demais classes, contrapondo-se a elas como inimigas, formam uma classe.*

Ou ainda, em Engels, uma definição bem elástica de proletariado: "por proletariado [entende-se] a classe dos assalariados modernos que, não tendo meios próprios de produção, são obrigados a vender sua força de trabalho para sobreviver"**.

Finalmente, Lenin deu aos aficionados por definições a resposta menos insatisfatória, embora não a mais simples, à questão das classes:

> Chama-se classes a *grandes grupos de pessoas* que se diferenciam entre si pelo *seu lugar num sistema de produção social historicamente determinado*, pela *sua relação* (as mais das vezes fixada e formulada nas leis) *com os meios de produção*, pelo *seu papel na organização social do trabalho* e, consequentemente, pelo *modo de obtenção* e pelas *dimensões da parte da riqueza social* de que dispõem.[1]

Essa definição pedagógica combina, assim, a posição referente aos meios de produção (incluindo o estatuto jurídico da propriedade) com o papel na divisão do trabalho e nas relações hierárquicas, a natureza e o valor do salário. Ao contrário das sociologias classificatórias, não pretende resolver casos individuais nem arbitrar situações limítrofes, mas situar "grandes grupos de pessoas".

Pergunta-se frequentemente hoje em dia se o proletariado estaria ou não em vias de desaparecer, substituído por "comunidades de privações", que compartilham humilhações e sofrimentos análogos, mas filiações, situações e associações variáveis. Porém, ninguém pergunta se a burguesia desapareceu, porque ela mantém seus salários mirabolantes, seus clubes (fechados) e suas ostensivas organizações de combate (Medef, UIMM***). A prova da burguesia são a senhora Parisot, o senhor Gauthier Sauvagnac, o senhor Bolloré****. Ela chega mesmo a tornar-se hereditária, comportar-se em casta, parodiar a velha aristocracia, com um toque de vulgaridade. Exibe sua riqueza em revistas de celebridades, bem distante da austeridade protestante do suposto espírito do capitalismo das origens.

---

*   Idem, *O 18 de brumário de Luís Bonaparte* (trad. Nélio Schneider, São Paulo, Boitempo, 2011), p. 142-3. (N. T.)
** Friedrich Engels, nota à edição inglesa de 1888, em *Manifesto Comunista*, cit., p. 40. (N. T.)
[1] Vladimir I. Lenin, *Uma grande iniciativa* (São Paulo, Alfa-Ômega, 1980, versão digital).
*** Associações patronais francesas. (N. T.)
**** Empresários franceses. (N. T.)

Se há os que subjugam, deve haver subjugados; se há dominantes, dominados; burgueses emburguesados e proletários. Estes existem no mundo, sim, mais do que nunca. O problema reside na divisão, na individualização que não é uma aspiração a mais liberdade e autonomia individuais, mas uma política de individualização forçada (horários, tempo, lazer, seguros). Caminha junto com a concorrência de todos contra todos, com o espírito de competição, com o jogo do elo mais fraco: cada um por si, e ai dos vencidos!

Bibliografia selecionada

GUÉRIN, Daniel. *La lutte de classe sous la Première République*. Paris, Gallimard, 1968 [ed. port.: *A luta de classes em França na Primeira República*. Lisboa, Regra do Jogo, 1977].

POULANTZAS, Nicos. *Pouvoir politique et classes sociales*. Paris, Maspero, 1968 [ed. bras.: *Poder político e classes sociais*. São Paulo, Martins Fontes, 1977].

ROEMER, John. *A General Theory of Exploitation and Classes*. Cambridge, Harvard University Press, 1983.

SAINTE-CROIX, Geoffrey de. *The Class Struggle in the Ancient Greek World*. Ithaca, Cornell University Press, 1981.

THOMPSON Edward Palmer. *La formation de la classe ouvrière anglaise*. Paris, Gallimard/Seuil, 1998 [ed. bras.: *A formação da classe operária inglesa*. Rio de Janeiro, Paz e Terra, 1987].

WRIGHT, Erik Olin. *Classes*. Londres, Verso, 1985.

4

COMO O ESPECTRO ENCARNOU – E POR QUE SORRI

Há uns vinte anos, o semanário *Newsweek* anunciava triunfalmente em sua manchete a morte de Marx. Nenhum diretor de revista pensaria em provocar o leitor com semelhante furo de reportagem a respeito da morte de Aristóteles, Descartes ou Espinosa.

Supõe-se que a manchete provocadora tivesse valor de conjuração, conjuração de um espectro, evidentemente. E, no entanto, ele voltou. Em 2008, ainda antes da crise do capitalismo globalizado, o rumor se espalhava: "Marx, o retorno" (*Courrier International*); "Marx, um renascimento" (*Le Magazine Littéraire*).

Até o arcebispo da Canterbury em pessoa denunciava a "corrida ao lucro" responsável pelo desastre financeiro e saudava a memória desse Marx que, "há muito tempo, revelou como um capitalismo sem freios pode atuar da mesma maneira que um mito, atribuindo realidade e poder a coisas que não existem por elas mesmas" (*sic*!).

Por que essa ressurreição? Simplesmente porque Marx é nosso contemporâneo, a consciência pesada do capital. E porque o capital, que ainda ensaiava os primeiros delitos quando ele traçou seu retrato falado, tornou-se hoje um *social killer* adulto que devasta todo o planeta.

As teses do *Manifesto*

A atualidade de Marx é a do *Manifesto Comunista*. Escrito às pressas nas últimas semanas de 1847 e publicado em fevereiro de 1848, no exato momento em que irrompe a revolução parisiense, anunciando a Primavera dos Povos europeus, todos sabem de cor sua retumbante abertura: "Um espectro ronda a Europa – o espectro do comunismo". O espírito romântico da época aprecia ruínas góticas, castelos assombrados e fantasmas. Revelando-se à luz do dia, tornando-se manifesto, o espectro encarna e reivindica abertamente sua identidade. Comunista! Por quê? É que socialismo já é uma palavra insípida, tolerada, respeitável. Tem direito de assento nos cenáculos filantrópicos. Casa-se bem com utopias grandes e pequenas. Definitivamente, não ameaça a ordem estabelecida. De modo que se declarar comunista é a maneira de anunciar um excepcional projeto de subversão: nada mais, nada menos do que mudar o mundo.

Essa novidade em forma de modesta brochura deu a volta ao mundo. O *Manifesto*, dizem, é o texto mais traduzido e divulgado depois da Bíblia. Captura na fonte a vitalidade extraordinária do capital como "poder social" impessoal, cujo dinamismo é a impulsão oculta do sentimento moderno de aceleração da história e desencantamento do mundo. "Tudo o que era sólido e estável se desmancha no ar, tudo o que era sagrado é profanado e os homens são obrigados finalmente a encarar sem ilusões a sua posição social e as relações com os outros homens."*

Sua atualidade ainda ativa pode se resumir em sete teses:

- a formação de um mercado mundial também globaliza a luta de classes;
- a luta de classes é o segredo desvendado do desenvolvimento histórico;

---

* Karl Marx e Friedrich Engels, *Manifesto Comunista* (trad. Álvaro Pina, São Paulo, Boitempo, 1998), p. 43. (N. T.)

- a questão da propriedade é a "questão fundamental [dos movimentos]";
- o objetivo é, em primeiro lugar, "a conquista do poder político";
- os proletários de todos os países devem se unir além da estreiteza das nações;
- ao mesmo tempo ato e processo, a nova revolução é uma revolução permanente;
- o "livre desenvolvimento de cada um é a condição para o livre desenvolvimento de todos".

Retomemos:

1. Marx soube compreender, no estado nascente, a lógica da globalização capitalista:

> A grande indústria criou o mercado mundial, preparado pela descoberta da América. O mercado mundial acelerou enormemente o desenvolvimento do comércio, da navegação, dos meios de comunicação [...]. Pela exploração do mercado mundial, a burguesia imprime um caráter cosmopolita à produção e ao consumo em todos os países. [...] As velhas indústrias nacionais foram destruídas e continuam a ser destruídas diariamente. São suplantadas por novas indústrias [...]. Ao invés das antigas necessidades, satisfeitas pelos produtos nacionais, surgem novas demandas, que reclamam para sua satisfação os produtos das regiões mais longínquas e de climas os mais diversos. [...] E isto se refere tanto à produção material como à produção intelectual.*

Mas ele não se contenta em descrever o fenômeno jornalisticamente. O objetivo da "crítica da economia política" é desvendar seu segredo. Para superar as contradições íntimas que o corroem, o capital é compelido continuamente a aumentar seu espaço de acumulação e acelerar o ciclo de suas rotações. Transformando tudo em mercadoria, ele devora o espaço e demoniza o tempo.

Desencadeada pela contrarreforma liberal e pela desregulação financeira do último quarto de século, a globalização contemporânea tem muitas analogias com a do regime vitoriano e do Segundo Império. A revolução tecnológica das telecomunicações, dos voos supersônicos e dos satélites, guardadas as devidas proporções, corresponde à das ferrovias, do telégrafo e das máquinas a vapor. As pesquisas genéticas, às descobertas da química orgânica. As inovações em matéria de armamento, à chegada do que Engels qualificou de "indústria do massacre". O escândalo da Enron e a crise dos *subprimes*, à quebra da Bolsa, ao

---

* Ibidem, p. 41 e 43. (N. T.)

escândalo do Panamá, à bancarrota do Crédit Immobilier ou da Union Générale, evocada por Zola em *O dinheiro*. O entusiasmo especulativo, alimentado por artifícios de crédito, acalenta a ilusão do dinheiro que faz dinheiro, até que, na crise e pela crise, a realidade chame a ficção à ordem.

Destacou-se com frequência a ambivalência de Marx, dividido entre a admiração diante do dinamismo do capital e a indignação em face de sua barbárie social. Essa tensão traduz uma contradição real. Se a "burguesia não pode existir sem revolucionar incessantemente os instrumentos de produção"*, essa transformação é portadora de potencialidades emancipatórias, sendo a primeira delas a redução drástica do tempo de trabalho obrigatório. Mas, cingido pelas relações sociais de exploração e dominação, esse progresso é constantemente aniquilado por seu reverso destrutivo: "Aqui progresso, lá regressão" (*O capital*). Essa contradição é hoje resultante da chamada globalização. É por isso que os movimentos reunidos nos fóruns sociais não se definem mais como "antiglobalistas", e sim como "alterglobalistas": não contra a globalização simplesmente, mas contra a globalização competitiva e mercantil, a favor de uma globalização solidária e social.

2. "A história de todas as sociedades até hoje existentes é a história das lutas de classes." A frase inicial do primeiro capítulo do *Manifesto* tem o mérito de acabar com o entulho filosófico de uma História universal ditada de antemão pela Providência divina ou revelando a si própria o Espírito do mundo e seu destino. Tudo o que é humano é histórico e se engendra na incerteza da luta. A intenção de romper de uma vez por todas com a visão teológica do mundo, no entanto, não acontece sem simplificações. Em uma reedição do *Manifesto*, em nota de rodapé, Engels sente a necessidade de esclarecer que se entende por história de qualquer sociedade "toda história *escrita*", porque "a pré-História, a organização social anterior à história escrita, era desconhecida em 1847".

Essa não é a única simplificação. No *Manifesto*, a fórmula estende o termo "classe" a diversos tipos de grupos e organizações sociais (castas, corporações, estados), enquanto em outros textos Marx o reserva às sociedades modernas, caracterizadas por uma relativa separação do político, do social e do religioso. Enfim, como é um texto polêmico e pedagógico, o *Manifesto* foca um padrão depurado de luta de classes, restrita a seus principais protagonistas: "burguês e proletário", "patrício e plebeu", "homem livre e escravo", "mestre de corpora-

---

* Ibidem, p. 43. (N. T.)

ção e companheiro"*. Nos textos que abordam situações políticas concretas, como *O 18 de brumário*, ou nos artigos sobre a vida política inglesa, as relações sociais permanecem estruturadas pelo antagonismo de classe, mas readquirem toda a sua complexidade.

Entende-se hoje que as classes teriam se dissolvido na globalização e no individualismo concorrencial; a diferença conflituosa, na diversidade indiferente. Contra a redução dogmática de todo conflito social a um conflito de classes, é chegada a hora da pluralidade de afiliações e situações. Por certo, cada indivíduo é um entrelaçamento ímpar de múltiplas determinações, mas o narcisismo das pequenas diferenças é propício às genealogias e ao pânico de identidade. A sociedade moderna complica as contradições e desdobra as diferenças de classe, gênero, cultura, idade, origem... Irredutíveis entre si, são todas condicionadas pela dominação sistêmica do capital. É por isso que, sem negar suas especificidades, a luta de classes pode lhes servir, para além das igrejas e capelas, de traço de união. Quando ela definha e enfraquece, vem, ao contrário, o tempo do confinamento egoísta e rancoroso, a hora dos clãs, hordas e tribos.

3. O *Manifesto* anuncia a "revolta das forças produtivas modernas contra as modernas relações de produção, contra as relações de propriedade que condicionam a existência da burguesia e seu domínio"**. O regime de propriedade privada não parou de ganhar terreno. Estende-se atualmente aos bens comuns da humanidade (terra, água, ar), ao espaço público (rua), aos seres vivos e ao saber (com o desenvolvimento exponencial das patentes), à violência (ascensão do mercenarismo), à lei (em benefício do contratualismo generalizado). Agora que as técnicas de reprodução e comunicação permitiriam acesso gratuito a numerosos bens, a propriedade privada surge como o resultado de um processo de desapossamento generalizado e como um freio à inovação. A importância que tem sua crítica no *Manifesto* destaca-se de modo mais do que nunca justificado: "os comunistas podem resumir sua teoria numa única expressão: supressão da propriedade privada"[1]. "Em todos estes movimentos colocam em destaque, como questão fundamental, a questão da propriedade."[2]

---

* Ibidem, p. 40. (N. T.)
** Ibidem, p. 45. (N. T.)
[1] Ibidem, p. 52. (N. T.)
[2] Ibidem, p. 69. (N. T.)

TUDO É MERCADORIA

Não se trata de abolir toda forma de propriedade, mas, precisamente, a "moderna propriedade privada, [a] propriedade burguesa"*, e o modo de apropriação fundamentado na exploração de uns pelos outros. Essa precisão é muito importante, pois estabelece uma distinção entre duas compreensões de propriedade, cuja confusão é utilizada pelos detratores do comunismo para apresentá-lo como um rateador [*partageux*] que deseja suprimir todos os bens de uso pessoal (moradia, meios de locomoção etc.). O que é necessário abolir é a propriedade que tem como contrapartida a despossessão do outro, aquela que outorga poder sobre o trabalho e a vida dos dominados.

O questionamento dessa propriedade privada dos meios de produção, troca e comunicação não se limita à regulamentação de máquinas ou empresas. Ele está presente na maioria das dez medidas programáticas expostas no *Manifesto*: "Expropriação da propriedade fundiária e emprego da renda da terra para des-

---

* Ibidem, p. 52. (N. T.)

pesas do Estado; imposto fortemente progressivo; abolição do direito de herança; confisco da propriedade de todos os emigrados e rebeldes" (hoje se diria: de todos os responsáveis pela evasão fiscal e fuga de capitais); "centralização do crédito nas mãos do Estado [...]; multiplicação das fábricas nacionais e dos instrumentos de produção [...]; educação pública e gratuita"*.

4. Para "elevar-se a classe dirigente da nação, tornar-se ele próprio nação", o proletariado deve "conquistar o poder político"**. Essa ideia, aparentemente banal e sensata, na realidade rompe com a tradição de um socialismo compassivo e filantrópico, o qual fantasiava sobre experiências econômicas e sociais alternativas que coabitassem com um poder estatal tolerante – sob a condição de nunca ser ele próprio contestado. Rompe a ilusão social de um socialismo experimental mantido à distância da ação política, sob a alegação de pureza.

O *Manifesto* critica assim várias correntes que, de forma diversa, perduraram na história dos movimentos sociais. O "socialismo feudal", nostálgico de um passado mítico, encontra-se em múltiplas variantes do populismo reacionário ou da volta à mítica era do ouro dentro de uma economia de troca autárquica e produção imediata de valores de uso, sem mediação monetária e sem comércio generalizado. Outros se contentam, hoje como ontem, em corrigir as "anomalias sociais" da ordem burguesa, organizando a beneficência em nome de uma moral caritativa. Para os autores do *Manifesto*, não se trata de erguer castelos no ar nem de cozinhar bons momentos em banho-maria para oferecer, de chaves na mão, a cidade feliz, mas de orientar o movimento real que quer abolir a ordem existente para conquistar o poder político e dele fazer uma alavanca para a transformação econômica e a liberação cultural: "O proletariado utilizará sua supremacia política para arrancar pouco a pouco todo o capital da burguesia"***.

À época em que a democracia parlamentar ainda é exceção na Europa, Marx e Engels encaram essa "primeira fase da revolução operária" como sinônimo de "conquista da democracia"**** e da instituição do sufrágio universal. Assim, a Comuna de Paris logicamente lhes parece "a fórmula enfim encontrada".

---

*   Ibidem, p. 58. (N. T.)
**   Ibidem, p. 56. (N. T.)
*** Ibidem, p. 58. (N. T.)
**** Idem. (N. T.)

5. "A estreiteza e a unilateralidade nacionais tornam-se cada vez mais impossíveis." A "universal interdependência" da "produção material" e da "produção intelectual" – chegando até a criar uma "literatura universal"* – tende a romper os grilhões das barreiras nacionais. A globalização comercial tem como consequência a globalização da luta de classes. Esse é o fundamento do internacionalismo, não como imperativo moral categórico, mas como princípio político prático. Se for elevado a classe dirigente da nação, o proletariado, mesmo que "nessa medida nacional", não o será "de modo nenhum no sentido burguês da palavra"**. A emancipação que traz em si começa no espaço nacional, mas só pode florescer ao se expandir para o espaço continental e mundial.

O que já era verdade no século XIX e comprovado nas revoluções de 1848 e 1871 ainda é *a fortiori* verdade hoje. Contrariamente aos que declaram que as nações já se dissolveram no espaço homogêneo e escorregadio do mercado mundial, os Estados nacionais ainda modelam em parte as relações de força entre as classes. É possível que países dominados pelo imperialismo e pelo neocolonialismo sejam ponto de partida de um movimento revolucionário, como confirmam as experiências da Venezuela e da Bolívia. Elas também demonstram que tais processos só têm futuro se rapidamente se ampliarem a uma escala pelo menos continental, opondo uma revolução e uma América bolivariana ao projeto imperialista de um grande mercado das Américas. Da mesma maneira, na Europa, como mostrou a rejeição – francesa, holandesa e irlandesa – ao Tratado Constitucional e ao Tratado de Lisboa, o quadro nacional também pode organizar a resistência à construção de uma Europa liberal, "de concorrência livre e não falseada". Porém, essa rejeição pressupõe, sob pena de se retrair dentro de uma lógica chauvinista e xenófoba, um projeto alternativo de Europa democrática e social dos povos e dos trabalhadores.

Do mesmo modo que a globalização vitoriana, por ocasião das grandes exposições universais de Londres e Paris, favoreceu a internacionalização do movimento operário emergente e a criação em 1864 da Primeira Internacional, também a globalização neoliberal suscita uma globalização planetária das resistências. Assim comprova a gênese do movimento alterglobalista, da insurreição zapatista de 1º de janeiro de 1994 aos fóruns sociais mundiais de Porto Alegre, Mumbai e Nairóbi, passando pelas manifestações de Seattle contra a reunião de cúpula da Organização Mundial do Comércio em 1999 e as da primavera de 2003 contra

---

*   Ibidem, p. 43. (N. T.)
** Ibidem, p. 56. (N. T.)

a guerra do Iraque. Comparado ao internacionalismo do século XIX, esse novo internacionalismo enfrenta não apenas os capitalismos nacionais como as empresas multi ou transnacionais e um capitalismo financeiro extremamente globalizado. É o que explica a emergência de um internacionalismo agrário, representado pela Via Campesina, que reúne agricultores de mais de cinquenta países, confrontados às mesmas firmas agroalimentares e produtoras de sementes, como Monsanto ou Novartis.

6. "A revolução burguesa alemã só poderá ser, portanto, o prelúdio imediato de uma revolução proletária."* As revoluções modernas parecem condena-

---

*   Ibidem, p. 69. (N. T.)

das a faltar ao compromisso, chegar cedo ou tarde demais, sempre no tempo errado, divididas entre "não mais" e "ainda não". Nunca aparecem na hora certa. As revoluções políticas burguesas coroavam o poder de uma classe que já tinha conquistado o essencial do poder econômico e cultural. As revoluções proletárias, pelo contrário, são as de uma classe submetida a uma tripla dominação, social, política e cultural, que de repente deve se tornar, se não tudo, pelo menos alguma coisa. A conquista do poder político é só o começo de um processo de emancipação.

Como declara Marx em 1850, em sua "Mensagem do Comitê Central à Liga [dos Comunistas]", ao fazer o balanço das revoluções de 1848, a tarefa é:

> tornar a revolução permanente até que todas as classes proprietárias em maior ou menor grau tenham sido alijadas do poder, o poder estatal tenha sido conquistado pelo proletariado e a associação dos proletários tenha avançado, não só em um país, mas em todos os países dominantes do mundo inteiro.*

A revolução é permanente em uma tripla acepção. Ela não reconhece divisória entre seus objetivos político-democráticos e seus objetivos sociais e não estagna a meio caminho entre a revolução burguesa e a proletária. Não é um milagre surgido do nada, mas amadurece nas lutas cotidianas, na acumulação de experiências vitoriosas ou derrotas, e se aprofunda, para além da conquista do poder político, pela transformação radical das relações de propriedade, organização e divisão do trabalho, das condições de vida cotidiana. Enfim, iniciada no terreno nacional, não respeita fronteiras e só se completa verdadeiramente ao se ampliar ao espaço dos continentes e do mundo. Ela é, ao mesmo tempo, ato e processo, ruptura e continuidade.

7. Inversamente à lenda reacionária que apresenta o comunismo como o sacrifício do indivíduo em prol da coletividade anônima, o *Manifesto* o define como "uma associação na qual o livre desenvolvimento de cada um é a condição para o livre desenvolvimento de todos"**. Assim entendido, parece o auge da livre realização pessoal. Não conviria confundi-lo nem com as miragens do individualismo impessoal, nem com o igualitarismo vulgar de um socialismo de caserna. A espécie humana retira do desenvolvimento das necessidades e capacidades ímpares de cada indivíduo os recursos para seu próprio desenvol-

---

* Idem, "Mensagem do Comitê Central à Liga [dos Comunistas]", em *Lutas de classes na Alemanha* (trad. Nélio Schneider, São Paulo, Boitempo, 2010), p. 64. (N. T.)
** Idem, *Manifesto Comunista*, cit., p. 59. (N. T.)

vimento universal. Reciprocamente, não se concebe o livre desenvolvimento de cada um independentemente do livre desenvolvimento de todos. Isso porque a emancipação não é um prazer solitário.

Como fazer, ao certo, para que o apelo à iniciativa e à responsabilidade individuais não se reduza a uma submissão à lógica da dominação, se não pela adoção de uma redistribuição radical de riqueza, poder e saber? Como democratizar as possibilidades de realização de todos e todas sem associar essa redistribuição a medidas específicas de discriminação positiva contra as desigualdades naturais ou sociais? Para se desenvolver, o indivíduo moderno precisou de solidariedades sociais (legislação do trabalho, previdência social, aposentadoria, regulamentação salarial, serviços públicos) que a contrarreforma liberal visa precisamente a destruir, para reconduzir a sociedade a uma selva concorrencial impiedosa.

Embora o liberalismo pretenda desenvolver o indivíduo, na realidade só desenvolve o egoísmo na concorrência de todos contra todos, em que o desenvolvimento de cada um tem por condição a aniquilação ou eliminação dos outros. A liberdade oferecida a cada um não é a do cidadão, é a do consumidor livre para escolher entre produtos padronizados. As ideologias liberais fazem do risco o "princípio de reconhecimento do valor individual". Essa cultura do risco e do mérito praticamente serve de álibi às políticas de demolição de solidariedades, mediante a individualização dos salários, do tempo de trabalho, dos riscos (diante da saúde, da velhice ou do desemprego); da individualização das relações contratuais contra as convenções coletivas e a lei comum; do desmantelamento das regulamentações sob pretexto de melhor reconhecimento das trajetórias individuais.

Quando o Partido Socialista coloca a questão do indivíduo entre suas prioridades, apenas corre no encalço da mistificação liberal. Se esse tema irriga cada vez mais sua novilíngua, isso é fruto da concorrência retórica com os costumes sarkozistas: propriedade individual, sucesso individual, segurança individual etc.

Essa exploração ideológica desvia as aspirações legítimas em nossa sociedade. O desenvolvimento das capacidades e possibilidades de cada um(a) é um critério de progresso bem mais claro do que desempenhos industriais ecocidas. Dar importância decisiva à oposição entre capital e trabalho não significa estar surdo às necessidades pessoais de crescimento, reconhecimento e criatividade. O capitalismo que pretende satisfazê-las, na realidade, aprisiona-as nos limites do conformismo mercantil e do condicionamento dos desejos, acumulando frustrações e decepções.

O espírito da insurreição

Na revolução de 1848, o espectro do comunismo encarna. Em suas *Lembranças*, Tocqueville recorda o pavor de um colega deputado, que surpreendeu a conversa de seus jovens empregados, sonhando em acabar com o poder dos patrões. Ele aguardou prudentemente que a insurreição fosse derrotada para despedi-los e reenviá-los a seus casebres. O mesmo Tocqueville se recorda também de ter encontrado, no começo da rua Saint-Honoré, uma "multidão de operários que escutava o canhoneio":

> Os homens estavam todos de blusão, que, como se sabe, era para eles tanto a roupa de combate quanto a de trabalho […]. Observavam com uma alegria mal contida que o barulho do canhoneio parecia aproximar-se, o que anunciava que a insurreição ganhava terreno. Eu já pressagiara o que estava vendo: toda a classe operária engajada na luta, seja com os braços, seja com o coração. O espírito da insurreição, com efeito, circulava de uma ponta a outra dessa vasta classe e em cada uma de suas partes, como o sangue de um único corpo; enchia tanto os bairros onde não se combatia como os que serviam de teatro ao combate e penetrava em nossas casas, ao redor, acima e abaixo de nós. Os próprios lugares de que acreditávamos ser os donos formigavam de inimigos domésticos; era como uma atmosfera de guerra civil que envolvia toda Paris e na qual, qualquer que fosse o lugar onde se escapasse, era preciso viver.*

E é por isso que o espectro sorri.

Bibliografia selecionada

BENSAÏD, Daniel. *Le sourire du spectre*. Paris, Michalon,1999.

_____. *Les dépossedés. Karl Marx, les voleurs de bois et le droit des pauvres*. Paris, La Fabrique, 2007.

---

* Alexis de Tocqueville, *Lembranças de 1848* (trad. Modesto Florenzano, São Paulo, Companhia das Letras, 2011), p. 194. (N. T.)

CLAUDIN, Fernando. *Marx, Engels et la révolution de 1848*. Paris, Maspero, 1980.

LABRIOLA, Antonio, *Essais sur la conception matérialiste de l'histoire*. Paris, Gordon and Breach, 1970.

LASCOUMES, Pierre; ZANDER, Hartwig. *Marx, du "vol de bois" à la critique du droit*. Paris, PUF, 1984.

LÖWY, Michael. *La théorie de la révolution chez le jeune Marx*. Paris, Maspero, 1970 [ed. bras.: *A teoria da revolução no jovem Marx*. São Paulo, Boitempo, 2012].

SERENI, Paul. *Marx, la personne et la chose*. Paris, L'Harmattan, 2007.

5

POR QUE AS REVOLUÇÕES NUNCA CHEGAM NA HORA CERTA

Não mais... Ainda não... Um mundo está morrendo, o novo luta para nascer. No entreato, o necessário e o possível não se avizinham mais. É o destino trágico das revoluções. Marx tem este pressentimento à luz dos acontecimentos de 1848: "A revolução pode vir antes do que esperamos. Nada pior para os revolucionários do que ter de se preocupar com o abastecimento de pão" (carta de 19 de agosto de 1852). No entanto, o abastecimento de pão continuou a ser uma preocupação prioritária para os revolucionários do século XX.

A história a contratempo

Mais explícito, Engels confidencia a um correspondente:

> Tenho certo pressentimento de que nosso partido, em razão da morosidade e indecisão dos outros partidos, um belo dia será catapultado ao governo para implantar medidas que não serão exatamente de nosso interesse, mas que corresponderão aos interesses gerais da revolução, especificamente aos da pequena-burguesia. Nessas circunstâncias, impelidos pelo povo proletário, seremos coagidos a fazer experiências comunistas e dar saltos adiante, que sabemos melhor do que ninguém o quanto seriam inoportunos. Nesses casos, perde-se a cabeça – esperemos que só no sentido figurado – e ocorre uma reação, e, até que o mundo seja capaz de ter um julgamento histórico sobre acontecimentos desse tipo, passaremos não apenas por bestas ferozes, mas por bestas, o que é bem pior. Não consigo imaginar que isso transcorra de outro modo... Como precaução a essa eventualidade, é melhor que a literatura de nosso partido forneça por antecipação os fundamentos de sua reabilitação histórica. (Carta de 12 de abril de 1853.)

Muitos, com efeito, forçados pelas circunstâncias a adotar medidas que não tinham nem previsto nem desejado, perderam a cabeça no sentido literal. Outros também a perderam no sentido figurado. Mas a esperança de Engels, de que a literatura comunista crítica ajude a desemaranhar os fios da tragédia e se norteie nos labirintos da história, talvez não seja totalmente vã.

Toda situação presente é um entrelaçamento de fatores com temporalidades diferentes: "Além das misérias modernas, aflige-nos toda uma série de misérias herdadas, decorrentes da permanência vegetativa de modos de produção arcaicos e antiquados, com o seu séquito de relações sociais e políticas anacrônicas [*zeitwidrigen gesellschaftlichen und politischen Verhärnissen*]"*.

As revoluções enfeixam um conjunto díspar de determinações. Combinam tempos desarmoniosos. Sobrepõem as tarefas de ontem e as de amanhã. Por isso são inconstantes, vulneráveis a transfigurações e metamorfoses, irredutíveis a uma definição simples, burguesa ou proletária, social ou nacional.

---

* Karl Marx, "Prefácio da primeira edição", em *O capital*, Livro I (trad. Rubens Enderle, São Paulo, Boitempo, 2013), p. 79. (N. T.)

O nome sob o qual uma revolução é concebida não será jamais o que ostentará em sua bandeira no dia do triunfo. Para ter chance de sucesso, os movimentos revolucionários são forçados, na sociedade moderna, a tomar emprestados, no início, seus símbolos dentre os elementos da nação, que, mesmo se opondo ao governo oficial, vivem em total harmonia com a sociedade existente. Em resumo, as revoluções devem conseguir o bilhete de ingresso na cena pública com as próprias classes dominantes.[1]

As revoluções nunca chegam na hora certa. Divididas entre o "não mais" e o "ainda não", entre o que vem cedo demais e o que vem tarde demais, elas não conhecem a hora certa: "Se a Comuna [a de 1793] chegou cedo demais, com suas aspirações de fraternidade, Babeuf chegou muito tarde". E "se o proletariado ainda não podia governar a França, a burguesia não podia mais fazê-lo"*. Nesse hiato entre o necessário e o possível sobrevém a tragédia, a das jornadas de junho de 1848 ou de julho de 1917, ou ainda a de janeiro de 1917 na Alemanha, em que perderam a vida Rosa Luxemburgo e Karl Liebknecht, os dois grandes personagens do jovem Partido Comunista alemão. Arte das mediações, a política é também a arte do instante preciso e do contratempo.

Uma outra escrita da história

"A filosofia hegeliana da história é a última consequência, levada à sua 'mais pura expressão', de toda essa historiografia alemã, para a qual não se trata dos interesses reais, nem mesmo políticos, mas apenas de pensamentos puros. [...] Tal concepção é verdadeiramente religiosa", escrevem os duetistas Marx e Engels em *A ideologia alemã*. Os filósofos, prosseguem, são incapazes de evocar algum "dos verdadeiros acontecimentos históricos, nem mesmo as intervenções verdadeiramente históricas da política na história". Sugerem que, em "seu lugar, nos seja oferecida uma narração que não se baseia em estudos mas sim em construções artificiais e em intrigas literárias"**. Também em Proudhon não há mais história, "quando muito a história na ideia", um "simulacro de história". A essas concepções religiosas ou idealistas da história é preciso opor uma concepção materialista e profana.

---

[1]   Idem, *New York Daily Tribune*, 27 jun. 1857.
*   Friedrich Engels, carta a Karl Kautsky, 20 jun. 1887; "Introdução à *Guerra civil na França*, de Karl Marx (1891)", em Karl Marx, *A guerra civil na França* (trad. Rubens Enderle, São Paulo, Boitempo, 2011), p. 189. (N. T.)
** Karl Marx e Friedrich Engels, *A ideologia alemã* (trad. Rubens Enderle, Nélio Schneider e Luciano Cavini Martorano, São Paulo, Boitempo, 2007), p.44-6. (N. T.)

Essa história profana não tem um sentido predeterminado nem chega a um fim preestabelecido. Contudo, permanece inteligível. A trilogia das lutas de classe na França é, desse modo, a obra de um novo tipo de narrador, cuja narrativa inventa ou fabrica a política[2]. Essa longa crônica de um quarto de século de lutas complica a intriga e rompe o desenrolamento linear do tempo. Sua história não é retilínea. Avança frequentemente pelo "lado mau". Marx foi criticado por fazer, em nome do progresso, a apologia da colonização como forma imposta de modernização. É enganar-se sobre sua visão. Para ele, a história não é uma linha reta, mas uma sequência de encruzilhadas e bifurcações: ou então, ou então... Se a colonização britânica da Índia suscita uma revolução social no Hindustão, mesmo que movida por "interesses sórdidos", a Inglaterra terá evitado involuntariamente os suplícios da acumulação capitalista e contribuído para tirar a Índia do imobilismo. Do contrário, a Inglaterra, "quaisquer que sejam seus crimes, foi um instrumento inconsciente da história ao provocar essa revolução"[3].

Longe dos contos edificantes e das lendas moralizantes, a história terá, uma vez mais, passado pelo lado errado. "Não há nenhum documento de cultura que não seja também um documento de barbárie", escreve Walter Benjamin. Assim, enquanto perdurar um sistema de exploração e opressão, progresso e catástrofe permanecerão mortalmente entrelaçados para Marx. Por isso, a história deve ser pensada politicamente, e a política, historicamente.

> Não é do passado, mas unicamente do futuro, que a revolução social do século XIX pode colher a sua poesia. Ela não pode começar a dedicar-se a si mesma antes de ter despido toda a superstição que a prende ao passado. As revoluções anteriores tiveram de recorrer a memórias históricas para se insensibilizar em relação ao seu próprio conteúdo. A revolução do século XIX precisa deixar que os mortos enterrem os seus mortos para chegar ao seu próprio conteúdo. Naquelas, a fraseologia superou o conteúdo, nesta, o conteúdo supera a fraseologia.*

Em *O 18 de brumário de Luís Bonaparte*, Marx, narrador profano, exorta a que se crie politicamente a história, em vez de se suportá-la religiosamente.

Sua trilogia sobre a luta de classes na França propõe uma escrita crítica da história, em que o fato, os indivíduos, a mentalidade tenham o lugar que lhes

---

[2] Ver o belo livro de Jean-François Hamel, *Revenances de l'histoire: répétition, narrativité, modernité* (Paris, Minuit, 2006).
[3] Karl Marx, *New York Daily Tribune*, 25 jun.1853.
* Idem, *O 18 de brumário de Luís Bonaparte* (trad. Nélio Schneider, São Paulo, Boitempo, 2011), p. 28-9. (N. T.)

cabe. Em que o possível não importe menos do que o real. Concretiza-se assim a ruptura com as filosofias especulativas da história, prenunciada em *A sagrada família* e *A ideologia alemã*. Em *A sagrada família*, Marx e Engels refutam a visão apologética de que tudo o que aconteceu deveria necessariamente acontecer para que o mundo fosse o que é e nós fôssemos o que somos. "Por um lado, [continua-se] a atividade anterior sob condições totalmente alteradas e, por outro, [modifica-se] com uma atividade completamente diferente as antigas condições, o que então pode ser especulativamente distorcido, ao converter-se a história posterior na finalidade da anterior." A esse fetichismo de uma História maiúscula, reduzida a uma forma secularizada do antigo Destino ou Providência, eles opõem, em *A ideologia alemã*, uma concepção definitivamente desencantada: "A história nada mais é do que o suceder-se de gerações distintas"*.

---

* Karl Marx e Friedrich Engels, *A ideologia alemã*, cit., p. 40. (N. T.)

Uma fórmula lapidar de Engels em *A sagrada família* resume muito bem a mudança radical de perspectiva: "A história não faz nada". Não é um novo deus que manipula a comédia humana. "Quem faz tudo [...], quem possui e luta é, muito antes, *o homem*, o homem real, que vive; não é, por certo, a 'História', que utiliza o homem como meio para alcançar *seus* fins – como se se tratasse de uma pessoa à parte –, pois a História *não é senão* a atividade do homem que persegue seus objetivos."* Essa história profana, que se decide na luta e pela luta, justifica plenamente o título de um belo livro de Michel Vadée: *Marx, penseur du possible* [Marx, pensador do possível][4].

Ocupado com a infindável *Crítica da economia política*, também ela uma escrita original da história, Marx deixou poucas considerações filosóficas gerais sobre o assunto. Encontram-se apenas notas esparsas, como as publicadas na introdução dos *Grundrisse*** – uma *nota bene*, escreve Marx. Essas oito anotações breves, lembretes garranchados em estilo telegráfico, merecem atenção especial.

Na primeira, em vez de uma determinação mecânica da política pela economia, Marx assinala a importância da guerra como laboratório e cadinho de novas relações sociais. Na segunda, convida a submeter a "historiografia ideal existente até o presente" à prova da historiografia "real", para desmistificar a velha história das religiões e dos Estados. Na terceira, ressalta a importância, para atingir a complexidade da transformação histórica, das "relações de produção *secundárias e terciárias* [...] *derivadas, transpostas*, não originárias", dentre as quais as "relações internacionais". Na sexta, recomenda "não conceber de modo algum o conceito do progresso na abstração habitual", mas levar em conta o "desenvolvimento desigual" das relações de produção, relações jurídicas, fenômenos estéticos; ou seja, levar em conta os efeitos de contratempo e não contemporaneidade. Na sétima, salienta que a história aparece como um "*desenvolvimento necessário*" e previne imediatamente contra a interpretação mecanicista: "Mas justificação do acaso. Como. (Da liberdade também, entre outras coisas.) (Influência dos meios de comunicação. A história universal não existiu sempre; a história como história universal é um resultado)"***.

---

* Idem, *A sagrada família* (trad. Marcelo Backes, São Paulo, Boitempo, 2003), p. 107. (N. E.)
[4] Michel Vadée, *Marx, penseur du possible* (Paris, Klincksieck, 1992).
** Karl Marx, *Grundrisse* (trad. Mario Duayer et al., São Paulo/Rio de Janeiro, Boitempo/Editora UFRJ, 2011), p. 61-2. (N. T.)
*** Ibidem, p. 60-1. (N. E.)

Essas anotações fornecem indicações preciosas sobre o que poderia ser "uma nova escrita da história", em ruptura com as grandes narrativas teológicas ou teleológicas, que Marx chama de votos solenes. Uma célebre carta de 1877 contribui para o esclarecimento. Em resposta a leitores russos que teriam encontrado em *O capital* uma teoria geral do desenvolvimento histórico, Marx recusa a "chave-mestra de uma teoria histórico-filosófica geral, cuja virtude suprema seria a de ser supra-histórica". Tal chave-mestra de uma história de mão única, uma narrativa edificante pairando sobre a história incerta dos interesses e lutas, estaria na continuidade das grandes filosofias especulativas da história universal, com as quais a ruptura foi consumada há muito tempo. Em uma história aberta, a política arbitra entre vários possíveis. Não há mais desenvolvimento "normal" oposto a anomalias, desvios ou malformações históricas. Servem de demonstração as cartas a Vera Zasulitch, em que Marx conjectura sobre diversos modelos de desenvolvimento que permitiriam à Rússia evitar a via sacra do capitalismo ocidental.

Entre as duas guerras mundiais, esta concepção de história, em que o passado condiciona o presente sem determiná-lo mecanicamente, foi desenvolvida de modo original nas reflexões paralelas de Gramsci e Benjamin. Para o primeiro, "só se pode prever cientificamente a luta, e não seus momentos concretos":

"só a luta, nem mesmo seus resultados imediatos, mas o que se exprime na vitória permanente, dirá o que é racional ou irracional". O sentido da luta, então, não é dado por seu resultado imediato. Só aparece retrospectivamente, à luz de uma "vitória permanente". Mas o que é uma "vitória permanente" em uma luta sem "fim de jogo" nem julgamento final?

Para acabar com os tribunais da história e seus veredictos sinistros, para acabar com as engrenagens e rodas dentadas do progresso, em que tudo chegaria no momento esperado, Walter Benjamin reverte radicalmente a relação entre história e política. Para ele, deve-se abordar o passado "não mais como antes, de modo histórico, e sim de modo político, com categorias políticas" porque a "política passa a prevalecer sobre a história". O presente não é mais um simples elo no encadeamento mecânico do tempo. É, por excelência, o tempo ritmado e entrecortado da política, o tempo da ação e da decisão. Exibem-se e reexibem-se em permanência o sentido do passado e o do futuro. A política é justamente a arte do presente e do contratempo, a da conjuntura e do momento propício.

Ao contrário do milagre religioso, surgido do nada, ou da pura vontade divina, as revoluções têm sua razão. Mas aparecem onde e quando menos se espera. Necessariamente intempestivas, jamais pontuais, administram o efeito surpresa, com o risco de apanhar desprevenidos seus próprios atores e dar-lhes um papel inadequado. Pensador da luta, e não da lei, Marx não é um filósofo da história. É um pensador estratégico da ação política.

Bibliografia selecionada

BENJAMIN, Walter. *Sur le concept d'histoire*. *Oeuvres III*. Paris, Gallimard, 2001 [ed. bras.: "Uma leitura das teses 'Sobre o conceito de história' de Walter Benjamin", em Michael Löwy, *Walter Benjamin: aviso de incêndio*. 1. ed. rev., trad. Jeanne Marie Gagnebin, Marcos Lutz Müller e Wanda Nogueira Caldeira Brant, São Paulo, Boitempo, 2010].

BLACKLEDGE, Paul. *Reflections on the Marxist Theory of History*. Manchester, Manchester University Press, 2006.

BLANQUI, Auguste. L'éternité par les astres. *Maintenant, il faut des armes*. Paris, La Fabrique, 2006.

CALLINICOS, Alex. *Making History*: Agency, Structure, and Change in Social Theory. Leiden/Boston, Brill, 2004.

BONNAUD, Robert. *Les alternances du progrès*. Paris, Kimé, 1992.

COHEN, Gerald. *Karl Marx's Theory of History*: a Defence. Princeton, Princeton University Press, 1978.

HAMEL, Jean-François. *Revenances de l'histoire*: répétition, narrativité, modernité. Paris, Minuit, 2006.

KRACAUER, Siegfried. *L'histoire*: des avant-dernières choses. Paris, Stock, 2006.

THOMPSON, Edward Palmer. *The Poverty of Theory*. Londres, Merlin, 1995 [ed. bras.: *A miséria da teoria*. Rio de Janeiro, Zahar, 1981].

TOMBA, Massimiliano. *La vera politica. Kant e Benjamin*: la possibilità della giustizia. Macerata, Quodlibet, 2006.

WOOD, Ellen Meiksins; FOSTER, John Bellamy (orgs.). *In Defense of History*: Marxism and Postmodern Agenda. Nova York, Monthly Review Presss, 1997 [ed. bras.: *Em defesa da história: marxismo e pós-modernismo*. Rio de Janeiro, Zahar, 1999].

6

POR QUE A POLÍTICA DESREGULA OS RELÓGIOS

Não apenas Marx e Engels são frequentemente acusados de reles determinismo econômico, como há quem deplore neles a ausência pura e simples de qualquer pensamento político. Se querem dizer que Marx não faz menção à teoria da democracia parlamentar ou da filosofia política no sentido proposto pelas "ciências políticas" e institutos de mesmo nome, isso é um fato. E por uma boa razão. Marx é um cronista sutil – e mal conhecido – da vida parlamentar inglesa, porém em sua época não existia nenhuma democracia parlamentar na Europa. No entanto, encontra-se em sua obra uma crítica da razão de Estado que caminha de mãos dadas com a crítica da economia política. Por intermédio da crítica do Estado hegeliano, ele procura de fato uma política do oprimido, quer dizer, da maneira como os excluídos e os marginalizados pela esfera do Estado inventam, nas lutas cotidianas, a própria política. Uma política do fato, que rasga o véu da reprodução social, cujas formas extremas são as guerras e revoluções.

Na trilogia de Marx sobre as lutas de classes na França, assim como nos artigos de Engels sobre a geopolítica europeia, nasce uma concepção original da política, da representatividade, do Estado e da democracia[1]. Marx faz-se cronista das conjunturas políticas, entendidas não como simples eco de mecanismos econômicos, mas como concentrados de múltiplas determinações. À semelhança das manifestações do inconsciente freudiano, as relações de forças sociais e o papel histórico do indivíduo se revelam por meio de um jogo permanente de deslocamentos e condensações, de sonhos e lapsos. A ação política nunca é restrita à mera ilustração de uma lógica histórica nem à consumação de um destino escrito de antemão. A incerteza do fato exerce toda a sua

---

[1] Karl Marx, *As lutas de classes na França de 1848 a 1850* (trad. Nélio Schneider, São Paulo, Boitempo, 2012), *O 18 de brumário de Luís Bonaparte* (trad. Nélio Schneider, São Paulo, Boitempo, 2011) e *A guerra civil na França* (trad. Rubens Enderle, São Paulo, Boitempo, 2011). Ver ainda os artigos de Engels "Le Pô et le Rhin" ou "La Savoie, Nice et le Rhin", em Karl Marx e Friedrich Engels, *Écrits militaires: violence et constitution des états européens modernes* (Paris, L'Herne, 1970).

influência. Pequenas causas, grandes efeitos: em fevereiro de 1848, um banquete público organizado em prol do direito de voto excede a intenção de seus organizadores e provoca a queda da monarquia. "Toda revolução", escreve Marx, "necessita de um assunto para ser discutido durante o banquete. O direito universal de votar é o assunto dos banquetes da nova revolução"*.

Um "assunto para ser discutido durante o banquete"! Cada revolução tem o seu: uma injustiça fora do comum, um escândalo, uma provocação. Em 1871, da tentativa de desarmar o povo de Belleville nasceu a Comuna de Paris. A deportação de um oficial acusado de alta traição esteve a um passo de provocar uma guerra civil. A evacuação policial da Sorbonne provocou a greve geral de maio de 1968. O evento quebra o curso ordinário dos trabalhos e dos dias, o encadeamento monótono de uma "história sem eventos":

> Paixões sem verdade, verdades sem paixão, heróis sem feitos heroicos, história sem eventos; desenvolvimento, cujo único motor parece ter sido o calendário, exaurindo-se pela constante repetição das mesmas tensões e distensões; antagonismos que parecem aguçar a si mesmos periodicamente só para embotar-se e ruir sobre si mesmos sem conseguir chegar a uma resolução.[2]

Essas linhas já evocam o tempo homogêneo e vazio dos "calendários" eleitorais, em que o inesperado não pode acontecer. O tempo dessa história sem heróis e sem eventos é o da mecânica relojoeira e da "repetição constante" das horas e estações.

A luta política, pelo contrário, tem ritmos próprios. Seus batimentos e pulsações não são sincronizados com os da economia. Entre o político, o social e o jurídico há uma falha de ajuste. Nela também se incluem o simbólico e o imaginário. "Desde que se estabeleça uma relação direta [entre o modo de produção e as ideias políticas], as coisas não ficam mais claras, bem pelo contrário" previne o velho Engels, no crepúsculo de sua vida[3]. Ele permanece fiel ao que escrevia na juventude: "Se há algo que os alemães acham evidente, mas que os teimosos britânicos não admitem, é que na história os interesses materiais não representam nunca, por eles próprios, um fim em si"[4].

Arte da decisão, a política é, pois, um cálculo estratégico de resultado incerto, porque "seria, aliás, muito fácil fazer a história mundial se a luta fosse

---

* Karl Marx, *As lutas de classes na França*, cit., p. 144. (N. T.)
[2] Idem, *O 18 de brumário de Luís Bonaparte*, cit., p. 56.
[3] Friedrich Engels, carta a Karl Kautsky, 20 jan. 1887.
[4] Idem, *Rheinische Zeitung*, 9 dez. 1842.

travada apenas sob condição de probabilidades infalivelmente favoráveis. Ela seria, por outro lado, de natureza muito mística" (Karl Marx, carta de 17 de abril de 1871). Nas revoluções, imbricam-se tarefas do passado, do presente e do futuro. Assim, "ao ditar a república", o proletariado parisiense conquista terreno, em 1848, para travar a luta por sua emancipação, "mas de modo algum a própria emancipação", porque a classe operária é ainda "incapaz de realizar a sua própria revolução"[5]. Porém, reciprocamente, as revoluções nacionais (alemã, húngara, italiana) já dependem do destino da revolução proletária e são privadas de sua "aparente autonomia, de sua independência da grande convulsão social"[6].

Em suma, a política é uma cena de teatro repleta de intrigas e quiproquós, onde os atores apresentam-se travestidos, trocam de personagem, representam frequentemente papéis inadequados. É o que demonstram a comédia do Segundo Império e os maus atores que desempenham nela os papéis principais. É o que confirma a decepção de Marx diante dos resultados da ampliação do sufrágio na Inglaterra. Os primeiros socialistas supunham que a maioria política equivalesse à maioria social e que bastaria a extensão do voto para a "boa representação" dos oprimidos e para atingir a felicidade universal. Ora, a experiência inglesa revela que os trabalhadores não votam necessariamente de acordo com seus interesses de classe, muito pelo contrário. Estamos agora bem longe do reles determinismo sociológico atribuído a Marx e Engels por seus detratores.

A extensão do domínio de luta

Em *As lutas de classes na França* e *O 18 de brumário*, Marx começa a traçar as implicações do massacre dos proletários parisienses pela reação burguesa enfurecida, em junho de 1848: "o *proletariado* passa a agrupar-se cada vez mais em torno do *socialismo revolucionário*, em torno do *comunismo*, para o qual a própria burguesia inventou o nome de *Blanqui*. Esse socialismo é a declaração de *permanência da revolução*"[7]. Essa fórmula estranha reúne o ato e o processo, a história e o evento, o instante e a continuidade. Ela revive como palavra de ordem na conclusão da "Mensagem do Comitê Central à Liga [dos

---

[5] Karl Marx, *As lutas de classes na França*, cit., p. 44, 47.
[6] Ibidem, p. 65.
[7] Ibidem, p. 138.

Comunistas]": o "grito de guerra" dos trabalhadores torna-se agora o da "revolução em permanência!"*.

Permanente no tempo, a revolução social também o é no espaço. Desde o *Manifesto* de 1848, o espectro do comunismo não se limita a rondar a França e a Alemanha. Ronda a Europa. Este continente, cuja organização em nações se amplia com as recentes unificações alemã e italiana, é o verdadeiro teatro das operações estratégicas desde a Revolução Francesa, como já o era durante o Império Romano-Germânico e a Guerra dos Trinta Anos: "Toda a Revolução Francesa é dominada pela guerra de coalizão, dela dependem suas pulsações"[8]. A guerra define um espaço geopolítico europeu. Quer se trate do Schleswig-Holstein, da Guerra da Crimeia, das guerras da Itália ou da Guerra Austro-Prussiana de 1866, Marx e Engels sempre pensam em escala no mínimo continental.

Os territórios nacionais são, assim, os campos de batalha de uma guerra civil de outra grandeza. Em "Le Pô et le Rhin" [O Pó e o Reno][9], Engels elabora já em 1849 uma cartografia original das futuras revoluções, porque "ninguém pode afirmar que o mapa da Europa seja definitivo". A estreita relação entre guerra e revolução insere-se nessa perspectiva. Invenção funcional dos estados-maiores, a disputa pelas "fronteiras naturais" demonstra, segundo Engels, que há uma produção não apenas social, mas também militar do espaço. Dessa forma, os tratados assinados por Napoleão III referentes a Nice e Saboia interessam diretamente aos alemães, na medida em que ilustram a "aceitação inequívoca pela França da teoria das fronteiras naturais", que representa uma ameaça direta à Alemanha (por causa da reivindicação da margem esquerda do Reno, sempre!)[10]. A geografia é efetivamente útil para a guerra.

Em carta de 2 de setembro de 1870 a Engels, Marx enfatiza a estreita ligação que une política e história:

Quem não estiver completamente atordoado pelos clamores do momento, nem tiver interesse em iludir o povo alemão, compreenderá que uma guerra entre Alemanha e Rússia deve necessariamente nascer da guerra de 1870, assim como a guerra

---

* Karl Marx e Friedrich Engels, "Mensagem do Comitê Central à Liga [dos Comunistas]", em *Lutas de classes na Alemanha* (trad. Nélio Schneider, São Paulo, Boitempo, 2010), p. 75. (N. E.)
[8] Friedrich Engels, *Pall Mall Gazette*, 9 dez. 1870.
[9] Idem, "Le Pô et le Rhin", cit.
[10] Idem, "La Saboie, Nice et le Rhin", cit.

de 1870 nasceu da guerra de 1866. Digo necessariamente, fatalmente, a menos que uma revolução aconteça antes na Rússia. Fora desse caso pouco provável, a guerra entre a Alemanha e a Rússia já pode ser considerada um fato consumado.

Quarenta anos bastaram para que a profecia se realizasse. A guerra germano-russa aconteceu. Em vez de impedi-la, a revolução irrompeu de seus escombros para desembocar em uma "guerra civil europeia" de trinta anos.

No prefácio de 1891 para *A guerra civil na França*, Engels prossegue o raciocínio:

> E não se confirmou literalmente a previsão de que a anexação da Alsácia-Lorena "jogaria a França nos braços da Rússia" e de que depois dessa anexação ou a Alemanha se tornaria a notória escrava da Rússia ou, após um breve descanso, teria ela de se armar para uma nova guerra, mais precisamente "para uma guerra de raças contra as raças eslavas e romanas aliadas"? A anexação das províncias francesas não empurrou a França para os braços da Rússia? [...] E não paira diariamente sobre nossas cabeças a espada de Dâmocles de uma guerra em cujo primeiro dia todas as alianças firmadas entre os soberanos se dispersarão ao vento como farelo, uma guerra da qual nada se sabe ao certo a não ser a absoluta incerteza de sua origem, uma guerra de raças que sujeitará a Europa inteira à devastação por obra de 15 ou 20 milhões de homens armados [...]?*

Uma guerra de raças! Tal como da Guerra Franco-Alemã surgiu a Comuna, da Primeira Guerra Mundial surgirá a Revolução de Outubro, da Segunda Guerra, as revoluções chinesa, grega, vietnamita, iugoslava... Mas a que preço! Sobre pilhas terrificantes de ruínas e cadáveres, que pesarão cada vez mais sobre a vida e a cabeça dos (sobre)viventes, a ponto de transformar em pesadelo os sonhos de emancipação.

A Comuna, o Estado e a revolução

1850-1871: Ascensão, declínio e queda do Segundo Império! *A guerra civil na França* desenvolve as ideias esboçadas em *O 18 de brumário*. Os órgãos militares e burocráticos do aparelho de Estado centralizado "constringem (estrangulam) a sociedade viva tal qual uma jiboia". Na medida em que a luta de classes moderna toma forma, o caráter repressivo do poder de Estado fica "mais plenamente desenvolvido"[11]. O aparelho transforma-se em "[excrescência] parasitária [colada à] sociedade civil". Assim ressurge, à luz das chamas da Comu-

---

* Idem, "Prefácio", em Karl Marx, *A guerra civil na França*, cit., p. 187-8. (N. T.)
[11] Karl Marx, *A guerra civil na França*, cit., p. 125, 170 e 126.

na, a crítica impiedosa da burocracia, esboçada em 1843 no manuscrito de Kreuznach [*Crítica da filosofia do direito de Hegel*] e depois abandonada.

O espírito corporativo do Antigo Regime sobrevive na burocracia, escreve o jovem Marx, como produto da separação entre Estado e sociedade civil: "o mesmo espírito que cria, na sociedade, a corporação, cria, no Estado, a burocracia", que é o "'*formalismo de Estado*' da sociedade civil", "'a consciência do Estado', a 'vontade do Estado', a 'potência do Estado', como *uma corporação*", "uma sociedade *particular, fechada*, no Estado", uma "rede de ilusões *práticas*", a "ilusão do Estado". O espírito burocrático é "profundamente jesuítico, teológico. Os burocratas são os jesuítas do Estado, os teólogos do Estado; a burocracia é a *république prêtre*"[12]. "Quanto ao burocrata tomado individual-

---

[12] Idem, *Crítica da filosofia do direito de Hegel* (trad. Rubens Enderle e Leonardo de Deus, São Paulo, Boitempo, 2005), p. 65.

mente, o fim do Estado se torna seu fim privado, uma *corrida por postos mais altos*, um *carreirismo*."* A supressão da burocracia só pode se dar "contanto que o interesse universal se torne *realmente* – e não [...] apenas no pensamento, na *abstração* – interesse particular, o que é possível apenas contanto que o interesse *particular* se torne realmente *universal*"**.

Trinta anos mais tarde, a Comuna de Paris, forma de emancipação social por fim revelada, aparece como a crítica em ação do Estado burocrático, como se o interesse particular tivesse *realmente* se tornado universal. A "maior medida" que ela adotou não foi uma invenção doutrinária, nem um paraíso artificial, nem a criação de um falanstério ou de uma comunidade ideal, foi simplesmente "sua própria existência". Ela é a "antítese direta do Império", a "forma positiva [da República Social]", almejada desde os Três Gloriosos de 1830 e as jornadas trágicas de junho de 1848. Ela é, acrescenta Marx, "uma revolução contra o Estado mesmo, este aborto sobrenatural da sociedade, uma reassunção, pelo povo e para o povo, de sua própria vida social", uma revolução para destruir a "horrenda maquinaria da dominação de classe ela mesma". Em outras palavras, "a direta negação" do Segundo Império como "forma final dessa usurpação estatal". A Comuna "inaugura a *emancipação do trabalho*"[13].

A oposição radical entre o Império e a Comuna ganha todo o seu significado quando se recordam as hesitações e as questões deixadas em aberto nos escritos precedentes de Marx. Mais que uma imitação grotesca do 18 de brumário do tio, o bonapartismo do sobrinho mostra-se não como ressurreição do antigo cesarismo, nem como resquício burocrático do feudalismo do Antigo Regime, mas como a forma adequada, "a única forma de governo possível em um momento em que a burguesia já havia perdido e a classe operária ainda não havia adquirido a capacidade de governar a nação". A burguesia deve delegar seu poder a um sistema que represente um simulacro do interesse geral. Essa "usurpadora ditadura do corpo governamental sobre a própria sociedade, que à primeira vista dá a impressão de elevar-se por sobre todas as classes e humilhá-las", na verdade, tornou-se "a única forma possível de Estado em que a classe apropriadora pode continuar a dominar a classe produtora"[14].

---

* Ibidem, p. 66. (N. E.)
** Ibidem, p. 67. (N. E.)
[13] Idem, *A guerra civil na França*, cit., p. 56, 127-31.
[14] Ibidem, p. 56 e 169.

Marx percebe bem que a eleição do presidente pelo sufrágio universal é uma unção republicana, que investe o eleito de uma "espécie de direito divino": "ele é pela graça do povo" e mantém um "poder pessoal" sobre a nação. Por trás dessa figura, alçada acima do antagonismo de classes pela magia dos votos, há um aparelho à sua imagem, um "regime de pretorianos". Longe de ser uma peripécia ou um avatar da dominação de classe, o bonapartismo ocorre, diz Engels, como "a forma necessária do Estado em um país cuja classe operária foi vencida". Sua versão alemã, o bismarckismo, espera "impedir" os capitalistas e trabalhadores de "lutar entre si"[15]. É a "verdadeira religião da burguesia moderna", que "não é feita para reinar diretamente". Tem mais a fazer – o lucro! – e pode delegar esse encargo aos zelosos funcionários, unidos a ela por milhares de vínculos, mas que podem transmitir a ilusão vantajosa de arbitrar lealmente os litígios privados em benefício do bem público. Uma "semiditadura bonapartista" impõe-se então como "a única forma de governo possível em um momento em que a burguesia já havia perdido e a classe operária ainda não havia adquirido a capacidade de governar a nação"[16].

O bonapartismo é uma forma primitiva de estado de exceção dentro do Estado moderno. Na república parlamentar, o poder do Estado só pode ser utilizado como "confesso instrumento de guerra civil" em períodos de guerra declarada; em outras palavras, em um estado de coisas "espasmódico, excepcional". No regime bonapartista, a exceção se banaliza. "Poder estatal do domínio moderno de classe, ao menos no continente europeu"[17], afigura-se retrospectivamente como um laboratório dos regimes de exceção do século XX.

Inversamente, o comunismo, no início um estado de espírito, um "comunismo filosófico", encontra na Comuna sua forma política. "A classe trabalhadora não esperava milagres da Comuna", porque não tem "ideal a realizar" ou "utopia já pronta", mas sim quer "libertar os elementos da nova sociedade dos quais a velha e agonizante sociedade burguesa está grávida"*. Em um quarto de século, o comunismo realizou sua transformação: de seu modo de aparição inicial, filosófico e utópico, à forma política enfim encontrada de emancipação. A Comuna esforça-se para "fazer da propriedade individual uma verdade, transformando os

---

[15] Friedrich Engels, *Die preussische Militärfrage und die deutsche Arbeiterpartei* (Hamburgo, 1865).
[16] Karl Marx, *A guerra civil na França*, cit., p. 56.
[17] Palavras de conclusão de Marx no segundo rascunho de *A guerra civil na França*, cit.
* Ibidem, p. 60. (N. T.)

meios de produção [...] em simples instrumentos de trabalho livre e associado"*, a partir dos quais seja possível organizar a produção cooperativa segundo um plano nacional comum[18]. Ela visa a expropriar os expropriadores, "fazer da propriedade individual uma verdade", transferindo "as oficinas e as manufaturas abandonadas a sociedades cooperativas de trabalhadores, com alguma indenização para os desertores capitalistas", quer tenham fugido para Versalhes, quer tenham suspendido o trabalho**. Essa é a lógica de uma cooperação geral, e não de um estatismo autoritário. Dessa forma, a Comuna "judiciosamente" designou uma comissão para estudar, em cooperação com delegados escolhidos por diferentes ramos profissionais, os "meios de transferir as oficinas e as manufaturas abandonadas a sociedades cooperativas de trabalhadores, com alguma indenização para os desertores capitalistas".

Escritos no calor dos acontecimentos, os textos sobre a Comuna põem fim ao mito de um Marx estatista e centralizador ao extremo, diante de um Proudhon girondino, libertário e descentralizador. Marx afirma que a constituição comunal, que destrói o poder estatal moderno, "foi confundida com uma tentativa de fragmentar em uma federação de pequenos Estados, como sonhavam Montesquieu e os girondinos, aquela unidade das grandes nações que, se originalmente fora instaurada pela violência, tornava-se agora um poderoso coeficiente da produção social". Além do mais, quiseram ver erroneamente na Comuna, que "destrói o poder estatal moderno", "uma reprodução das comunas medievais, que precederam esse poder estatal"[19]. Mas ele relativiza a função e o sentido históricos da centralização estatal. Foi útil para eliminar os particularismos feudais ou para defender a revolução dos conluios do Antigo Regime. Contra o Estado parasitário e burocrático vencedor, contra a centralização governamental, Marx defende uma descentralização solidária, na perspectiva de uma aliança entre os camponeses dominados por Paris e os trabalhadores parisienses oprimidos pela reação provincial: "Paris, a capital das classes dominantes e de seu governo, não pode ser uma 'cidade livre', e as províncias não podem ser 'livres' porque Paris é a capital. As províncias só podem ser livres com a *Comuna* em Paris"[20].

---

*   Idem. (N. T.)

[18] Sobre essa fórmula, que não opõe a propriedade coletiva, e sim a propriedade individual, à propriedade privada, ver também o capítulo 24 de *O capital*.

**   Karl Marx, *A guerra civil na França*, cit., p. 117. (N. T.)

[19] Ibidem, p. 58.

[20] Ibidem, p. 142. "O gênio espontâneo da Comuna foi, em nome do povo da capital, ter rompido com o centralismo estático e proposto um programa de descentralização", insiste

Abolição ou enfraquecimento do Estado

O poder do Estado é "desde já abolido", escreve Marx, sobre as seis semanas de liberdade da Comuna. Abolido? A palavra é forte. Como "antítese direta do Império", a Comuna "era formada por conselheiros municipais, escolhidos por sufrágio universal nos diversos distritos da cidade, responsáveis e com mandatos revogáveis a qualquer momento". Ela "devia ser não um corpo parlamentar, mas um órgão de trabalho, Executivo e Legislativo ao mesmo tempo". "Dos membros da Comuna até os postos inferiores, o serviço público tinha de ser remunerado com *salários de operários*"*:

> Em uma palavra, todas as funções públicas, mesmo aquelas poucas que caberiam ao governo central, eram executadas pelos agentes comunais e, portanto, estavam sob o controle da Comuna. É um absurdo dizer que as funções centrais – não da autoridade governamental sobre o povo, mas aquela necessária para os anseios gerais e comuns do país – se tornariam impossíveis. Essas funções existiriam, mas os próprios funcionários não poderiam, como na velha maquinaria governamental, sobrepor-se à sociedade real, porque suas funções seriam executadas por agentes comunais e, portanto, estariam sempre sob um controle real. As funções públicas cessariam de ser uma propriedade privada.[21]

Não se trata de interpretar o enfraquecimento do Estado como a absorção de todas as suas funções na simples "administração das coisas" nem de decretar a abolição do Estado, mas sim de reunir as condições que permitam suprimir seu bricabraque burocrático. A tomada do poder é o início desse processo, não sua concretização. As primeiras medidas da Comuna não parecem perturbar a ordem das coisas: separação entre Igreja e Estado e envio dos padres ao calmo "retiro da vida privada"; destruição pública de duas guilhotinas em 6 de abril de 1871; libertação dos prisioneiros políticos; supressão do trabalho noturno dos padeiros; fechamento das casas de penhores; demolição da coluna Vendôme, "símbolo da força bruta e da falsa glória", que enaltece o militarismo e o chauvinismo; direito de assento aos estrangeiros na Comuna, cuja bandeira é a da "República Universal"; libertação das mulheres da "escravidão degradante" da prostituição; transferência dos serviços públicos

---

por sua vez Henri Lefebvre, em *La proclamation de la Commune de Paris* (Paris, Gallimard, 1965), p. 163.
* Karl Marx, *A guerra civil na França*, cit., p. 55-6. (N. E.)
[21] Ibidem, p. 173.

para a Comuna; e, acima de tudo, "supressão do exército permanente e sua substituição pelo povo armado". Não é tudo. Mas é alguma coisa.

Então, a Comuna revela-se "uma forma enfim encontrada" de emancipação, ou de ditadura do proletariado, ou as duas coisas indissociavelmente. É o que proclama Engels na conclusão de sua introdução, em 18 de março de 1891, de *A guerra civil na França*: "Pois bem, senhores, quereis saber como é esta ditadura? Olhai para a Comuna de Paris. Tal foi a ditadura do proletariado"[22].

---

[22] Friedrich Engels, "Prefácio", em Karl Marx, *A guerra civil na França*, cit., p. 197.

No século XIX, a palavra "ditadura" evoca a instituição romana de um poder de exceção, devidamente delegado e limitado no tempo para enfrentar uma situação de urgência. Opõe-se ao arbitrário da "tirania". É nesse sentido que Marx a utiliza em *As lutas de classes na França*. As jornadas de junho de 1848, com efeito, repartiram ao meio o próprio sentido da palavra "revolução". Foi desdobrada aos olhos dos possuintes em uma "revolução *bela*" – a de fevereiro, a da "cordialidade geral" – e uma "revolução *feia*" – a de junho, "repugnante" aos olhos do partido da ordem nascente, "porque o fato tomou o lugar da fraseologia".

No entanto, não é a revolução que foi "feia", mas sim a reação. Diante da violência desenfreada dos possuintes, Marx adota pela primeira vez o "corajoso lema": "*Derrubar a burguesia! Ditadura da classe operária!*"[23]. Após um século XX que conheceu tantos despotismos militares e burocráticos, essa conotação da palavra "ditadura" prevalece sobre o significado original. Tornou-se impronunciável. Se a Comuna era a "ditadura do proletariado", como proclama Engels em tom de desafio, é importante lembrar o que ela foi na verdade. Com mandatários sob controle popular permanente, pagos como trabalhadores qualificados, ela suprime "toda a fraude dos mistérios e pretensões do Estado". Sua mais formidável medida foi "sua própria organização, improvisada no momento em que em uma porta estava o inimigo estrangeiro e em outra o inimigo de classe"[24]. Ela "não elimina a luta de classes", mas representa a "liberação do 'trabalho'" como "condição fundamental e natural da vida individual e social". Cria, desse modo, o "meio racional" em que pode começar – começar apenas! – a se desenvolver a emancipação social[25].

Ela é simplesmente "a forma sob a qual a classe trabalhadora assume o poder político"[26]. Na Mensagem de 31 de maio de 1871 ao Conselho Geral da Associação Internacional dos Trabalhadores (AIT ou Primeira Internacional), Marx repete: "O sufrágio universal serviria ao povo, constituído em comunas", e "nada podia ser mais estranho ao espírito da Comuna do que substituir o sufrágio universal por uma investidura hierárquica". Ele jamais considera restringir o direito de voto. Quanto à relação dos representantes com os representados, dos mandatários com os mandantes, ele propõe um controle permanente, concretizado pelos princípios da responsabilidade e da revogabilidade. Essa

---

[23] Karl Marx, *As lutas de classes na França*, cit., p. 63-4.
[24] Idem, *A guerra civil na França*, cit., p. 130.
[25] Ibidem, p. 131.
[26] Ibidem, p. 169.

"ditadura" não tem nada de um poder arbitrário e despótico. Ela é apenas o exercício do poder constituinte inalienável de um povo soberano.

Coro vitorioso ou solo fúnebre

Desde 1850, Marx se pergunta como Bonaparte, "o homem mais simplório da França", pôde adquirir o "significado mais multifacetado". Resposta: "Justamente por nada ser, ele pôde significar tudo, exceto a si mesmo"[27]. Os mistérios e os prodígios da representação, a aptidão para escamotear o que representa e mostrar o que não é, nada faltou à trapaçaria bonapartista. O que transforma os democratas em representantes do pequeno-burguês "é o fato de não conseguirem transpor em suas cabeças os limites que este não consegue ultrapassar na vida real [...]. Essa é, em termos gerais, a relação entre os *representantes políticos* e *literários* de uma classe e a classe que representam"[28]. Logo, o jogo de representação é um desafio ao determinismo sociológico, uma relação deslocada que transpõe e esconde tanto quanto mostra. Joga-se não apenas com a possibilidade de alianças políticas, mas com a de conjunção de forças capazes de dar uma resposta não corporativa ou não categorial aos problemas globais da sociedade.

Se a Comuna era a "verdadeira representante de todos os elementos saudáveis da sociedade francesa e, portanto, o verdadeiro governo nacional, ela era, ao mesmo tempo, como governo operário e paladino audaz da emancipação do trabalho, um governo enfaticamente internacional"[29]. Essa fórmula enigmática transmite à posteridade um problema em vez de uma solução. Forma encontrada de emancipação social e de conquista do poder pela classe trabalhadora, a Comuna é "ao mesmo tempo" governo operário e verdadeiro governo nacional, representativo de "todos os elementos saudáveis da sociedade". Para entender como "o homem mais simplório" (Luís Napoleão... ou Nicolas Sarkozy) pode atingir a importância "mais complexa", Isabelle Garo opta, junto com Marx, pela eficácia inerente às representações: "As representações políticas determinam em seu nível as escolhas que estruturam, em troca, a vida política e social"[30]. Com a experiência adquirida nas revoluções de 1848, Marx descobre que a representação não é nem a expressão aberta

---

[27] Idem, *As lutas de classes na França*, cit., p. 80.
[28] Idem, *O 18 de brumário de Luís Bonaparte*, cit., p. 64.
[29] Idem, *A guerra civil na França*, cit., p. 63.
[30] Isabelle Garo, *Marx, une critique de la philosophie* (Paris, Seuil, 2000), p. 122.

"não falsificada" em que acreditava nem um mero engodo, mas um jogo de "aparências necessárias", de fantasmagorias e disfarces teatrais, de que falta descobrir os bastidores e os mecanismos ocultos. Esse teatro não é um mundo de ilusão, mas de representação. Seria um erro confundi-los. Os episódios da crise são justamente os atos da peça em que a representação se distancia da ilusão ordinária do fetichismo, em que caem as máscaras da pantomima, em que a tragédia prevalece sobre a bufonaria. A crítica da economia política terá então a tarefa de desvendar como os prodígios e mistificações da cena política têm como mecanismo secreto as mistificações do fetichismo do mercado, as metamorfoses do trabalho concreto em trabalho abstrato, do valor de uso em valor, do valor em preço.

Bibliografia selecionada

ARTOUS, Antoine. *Marx, L'État et la politique*. Paris, Syllepse, 1996.

BENSAÏD, Daniel. "Politiques de Marx". In: MARX, Karl; ENGELS, Friedrich. *Inventer l'inconnu*. Paris, La Fabrique, 2008.

GARO, Isabelle. *Marx, une critique de la philosophie*. Paris, Seuil, 2000.

LABICA Georges. *Le paradigme du Grand-Hornu*: essai sur l'idéologie. Montreuil-Sous-Bois, PEC/La Brèche, 1987.

LEFEBVRE, Henri. *La proclamation de la Commune*. Paris, Gallimard, 1965.

LENIN, Vladimir. *L'État et la révolution*. Moscou, Éditions de Moscou, s.d. [ed. bras.: *O Estado e a revolução*. São Paulo, Expressão Popular, 2007].

POULANTZAS, Nicos. *Pouvoir politique et classes sociales*. Paris, Maspero, 1968.

RANCIÈRE, Jacques. *Le philosophe et ses pauvres*. Paris, Flammarion, 2007.

7

POR QUE MARX E ENGELS SÃO INTERMITENTES NO PARTIDO

Esquece-se às vezes que o título exato do *Manifesto* de 1848 é *Manifesto do Partido Comunista*. Provavelmente porque a palavra "partido" hoje está associada a formas institucionais da vida parlamentar ou a partidos que nada, ou muito pouco, têm a ver com os comunistas. Esquece-se o significado da palavra em meados do século XIX, o de tomar partido em um conflito, uma corrente de opinião, em geral ligada a um periódico, e não uma forma organizacional claramente definida. Na ausência de instituições estáveis e de sufrágio universal, o "partido comunista" era com certeza bem diferente da imagem que se tem hoje de máquinas eleitorais e rituais de afiliação.

O partido, tal como o entendem Marx e Engels, parece mais uma forma de transição entre as sociedades secretas ou conspiratórias, como os Carbonários de Buonarotti ou a Sociedade das Estações de Blanqui, e os partidos modernos, cujo modelo é a social-democracia alemã anterior a 1914[1]. Essa forma híbrida corresponde ao nascimento de um movimento social e trabalhista, originário da ascensão do capitalismo industrial, que inventa suas próprias formas de organização e expressão – cooperativas, sindicatos, mutualismos, associações de amparo, sociedades culturais –, sua própria cultura e seu vocabulário, em meio à comoção geral em que se desfaziam antigas relações sociais e germinavam novas, no fenômeno de massa da urbanização e concentração industrial[2]. O processo de formação da classe trabalhadora estende-se por meio século, da revolução de 1830 até a fundação da Segunda Internacional em 1889, durante o qual se constrói a obra de Marx e Engels. Escreve Engels:

> A Liga dos Comunistas não era uma sociedade conspiratória, mas uma sociedade que se esforçava em segredo para criar a organização do partido proletário,

---

[1] Alessandro Galante Garrone, *Philippe Buonarotti et les révolutionnaires du XIXe siècle* (Paris, Champ Libre, 1975).
[2] Edward Palmer Thompson, *A formação da classe operária inglesa* (Rio de Janeiro, Paz e Terra, 1987).

visto que o proletariado alemão estava proibido de escrever, falar, associar-se. Dizer que tal sociedade conspira só é verdade no mesmo sentido em que a eletricidade e a máquina a vapor conspiram contra o *status quo*. Essa sociedade secreta tem como objetivo a criação não do partido do governo, mas do partido de oposição do futuro.[3]

Os dois amigos não são fetichistas da organização. É o mínimo que se pode dizer. Por duas vezes, não hesitaram em pôr a pique as organizações que ajudaram a construir, a Liga dos Comunistas em 1852 e a Primeira Internacional (Associação Internacional dos Trabalhadores) em 1874. A Liga só viveu poucos anos; a Internacional, uma década. Tais intermitências contrastam com a longevidade e a conservatividade das grandes máquinas parlamentares modernas.

A Liga dos Comunistas: o que se entende então por partido?

> Os comunistas não formam um partido à parte, oposto aos outros partidos operários.
> Não têm interesses diferentes dos interesses do proletariado em geral.
> Não proclamam princípios particulares, segundo os quais pretendam moldar o movimento operário.
> Os comunistas se distinguem dos outros partidos operários somente em dois pontos: 1) Nas diversas lutas nacionais dos proletários, destacam e fazem prevalecer os interesses comuns do proletariado, independentemente da nacionalidade; 2) Nas diferentes fases de desenvolvimentos por que passa a luta entre proletários e burgueses, representam, sempre e em toda parte, os interesses do movimento em seu conjunto.
> Na prática, os comunistas constituem a fração mais resoluta dos partidos operários de cada país, a fração que impulsiona as demais; teoricamente têm sobre o resto do proletariado a vantagem de uma compreensão nítida das condições, do curso e dos fins gerais do movimento proletário.[*]

Essa é uma das passagens mais citadas do *Manifesto Comunista*. Em vez de uma organização separada, os comunistas se consideram, então, uma fração de um movimento geral da classe. Na prática, eles se caracterizam por uma ruptura firme com as correntes republicanas e democráticas burguesas e pela defesa de interesses gerais, além dos interesses corporativos ou categoriais.

---

[3] Friedrich Engels, a propósito do processo dos comunistas de Colônia.

[*] Karl Marx e Friedrich Engels, *Manifesto Comunista* (trad. Álvaro Pina, São Paulo, Boitempo, 1998), p. 51. (N. T.)

Nenhuma definição precisa ou estatutária – nenhum "princípio particular" ou doutrinário – figura nessa abordagem. Originária da transformação da Liga dos Justos, a Liga dos Comunistas, cujo *Manifesto* os dois exilados de Bruxelas são incumbidos de escrever no outono de 1847, teve existência efêmera, diretamente relacionada à efervescência da Primavera dos Povos. Já em 1851, após o refluxo da onda revolucionária, na ocasião do processo dos comunistas de Colônia, Engels insiste em se separar daqueles que chama de "asnos do partido" e do "pretenso partido revolucionário propriamente dito", reduzido na derrota a uma "sementeira de escândalos e baixezas".

No ano seguinte, a questão é energicamente resolvida: "quarta-feira passada, a meu pedido, a Liga se dissolveu aqui e decidiu que não tinha mais condição de existir também no continente, onde, por sinal, já tinha deixado de existir de fato", escreve Marx em carta de 19 de novembro de 1852. Em 1859, voltando ao assunto, em carta ao poeta Freiligrath, ele coloca os pingos nos is:

> Faço-te observar, antes de tudo, que desde a dissolução da Liga a meu pedido, em novembro de 1852, não pertenci e não pertenço a nenhuma organização secreta ou pública. Em outras palavras, o partido, no sentido absolutamente efêmero do

termo, deixou de existir para mim há oito anos... Mais ainda, tentei dissipar esse mal-entendido, que faria passar por "partido" uma liga morta há oito anos, ou uma redação de jornal extinta há doze anos. Quando falo de "partido", no entanto, entendo o termo em seu sentido amplo, histórico.

Alguns meses depois, em carta de 23 de janeiro de 1860 ao mesmo Freiligrath, Marx volta ao tema:

> De um partido, no sentido em que o entendes em tua carta, nada mais sei desde 1852. Se fazes poesia, eu faço crítica, e as experiências realizadas entre 1849 e 1852 foram amplamente suficientes para mim. A Liga, assim como a Sociedade das Estações de Paris e uma centena de outras sociedades, foi apenas um episódio na história do partido que surge espontaneamente de todas as partes no solo da sociedade moderna.

Emerge desses escritos a dupla utilização da palavra partido. No sentido "absolutamente efêmero", designa uma organização adaptada a uma situação e a tarefas específicas. No "sentido amplo", identifica-se ao movimento histórico da própria classe trabalhadora, acima de episódios e cristalizações organizacionais conjunturais. Essa segunda interpretação é perfeitamente coerente com uma concepção da revolução como processo de amadurecimento orgânico, como "fenômeno puramente natural, comandado por leis físicas", chega a escrever Engels em artigo com colorações razoavelmente mecanicistas.

Entretanto, essa confiança no curso da história não é isenta de ambiguidade: sem hesitar em desvencilhar-se de um partido efêmero que se tornou incômodo, Marx e Engels têm por vezes a tendência de se erigirem em depositários exclusivos do partido histórico:

> De que modo pessoas como nós, que fugiram de posições oficiais como da peste, poderiam ter espaço em um partido? A que nos serve um "partido", se desprezamos a popularidade e ficamos aparvalhados quando nos tornamos populares? A que nos serve um partido, quer dizer, um bando de tolos que só jura por nós... É esta posição que devemos adotar no futuro próximo. Não aceitar nenhuma função oficial do Estado e, da mesma forma, tanto quanto possível, nenhuma posição oficial no partido.[4]

A AIT e as consequências da Comuna

Após os massacres de junho de 1848, seguidos por quinze anos de reação na Europa, foi preciso aguardar o início dos anos 1860 para que se reorganizasse

---

[4] Friedrich Engels, carta a Karl Marx, 13 fev. 1851.

um movimento social militante, como consequência da globalização e da industrialização da era vitoriana e do Segundo Império. Assim como os fóruns sociais mundiais e europeus surgiram no final dos anos 1990 e no início dos anos 2000, em resposta às cúpulas de Davos, da OMC e do G8, a Primeira Internacional emergiu do cadinho das exposições internacionais de Paris e Londres. Aliás, em sua fundação, a Associação Internacional dos Trabalhadores (AIT) lembra muito mais tais fóruns do que a Terceira Internacional Comunista: "as corporações de ofício, as sociedades de auxílio mútuo e outras associações trabalhistas estão convidadas a aderir coletivamente". Dentro dela coexistem as mais diversas correntes socialistas, proudhonianos, blanquistas, lassallianos, marxistas e outros mais.

É preciso, insiste Marx em carta de 18 de abril de 1870, "evitar etiquetas sectárias na AIT":

> Aspirações e tendências gerais da classe trabalhadora derivam das condições reais em que ela se encontra. É por isso que essas aspirações e tendências são comuns ao conjunto da classe, mesmo que o movimento se reflita nos espíritos de forma diversa, mais ou menos quimérica ou mais ou menos adequada. Os que melhor interpretam o sentido oculto da luta de classes, os comunistas, seriam os últimos a cometer o erro de aprovar ou encorajar o sectarismo.

Nessa mesma linha, escreve um mês mais tarde: "Nossos membros franceses demonstram ao governo francês a diferença entre uma sociedade política secreta e uma verdadeira associação de trabalhadores". E critica seu correspondente alemão Schweitzer por opor "sua organização artificial de seita" à "organização histórica e espontânea da classe operária" (1º de janeiro de 1870).

A experiência da guerra franco-alemã e a da Comuna de Paris atuam como reveladoras de estratégias políticas distintas e por vezes opostas. A formulação do *Manifesto*, segundo a qual os comunistas constituem um partido independente da burguesia (e não o refugo dos partidos democráticos e republicanos), ganha precisão e força. A questão da destruição do Estado e da "forma enfim encontrada" da tomada do poder político pelas classes trabalhadoras torna-se uma questão de princípio

da identidade comunista, explicitada alguns anos mais tarde em *Crítica do Programa de Gotha**.

No entanto, após o massacre da Comuna, o exílio torna-se novamente um caldo de cultura de velhos rancores, ressentimentos remoídos, intrigas pessoais e querelas mesquinhas, sem fundamento real. Pela segunda vez, em lugar de se submeterem à decomposição, Marx e Engels empenham-se em desfazer o que tão ativamente ajudaram a construir:

> A velha Internacional acabou completamente, deixou de existir. E isso é bom. Ela pertencia ao período do Segundo Império... O primeiro êxito deveria ter desencadeado a colaboração comum de todos os grupos. Esse êxito foi a Comuna, em seu espírito inteiramente filha da Internacional, embora ela não tivesse movido sequer um dedo para provocá-la, mas, com toda razão, é tida como responsável. Assim que a Internacional se tornou uma força moral na Europa, começou uma desagregação previsível... A Internacional, por um lado, o lado do futuro, dominou dez anos da história da Europa e pode lançar um olhar de orgulho sobre seu trabalho passado: mas, sob sua antiga forma, acabou seu tempo... Creio que a próxima Internacional – após as obras de Marx terem agido por alguns anos – será diretamente comunista e serão os nossos princípios que ela apresentará [...]. Quando as circunstâncias não mais permitem que uma associação atue de maneira eficaz, quando se procura apenas manter a ligação que une o grupo para reutilizá-lo eventualmente mais tarde, sempre haverá pessoas que não se acomodarão e voltearão como moscas, exigindo que "se faça alguma coisa", ainda que essa coisa só possa ser uma asneira.[5]

Para Marx e Engels, as formas passam, o espírito permanece. A Primeira Internacional certamente morreu, mas a Internacional não deixa de "subsistir efetivamente":

> A união entre os trabalhadores revolucionários de todos os países, desde que seja de fato eficaz, perdura... e não vejo como o reagrupamento de todos esses pequenos centros em torno de um centro principal poderia dar novo alento ao movimento, isso só aumentaria os atritos. Todavia, no momento certo, em que será preciso unir forças por todas essas razões, será necessário um longo preparo.[6]

Esse momento chega em 1889, com a fundação da Segunda Internacional, por ocasião do centenário da grande revolução.

---

* Trad. Rubens Enderle, São Paulo, Boitempo, 2012 (N. E.)
[5] Idem, 12 set. 1874.
[6] Idem, carta a Philip Becker, fev. 1882.

Franz Mehring dá uma interpretação diferente para a dissolução da Primeira Internacional:

> Alguns autores evocaram a hipótese de que Marx teria se abstido ainda por muito tempo de colocar a questão política da dissolução, se não houvesse sido obrigado pela Comuna de Paris e pela agitação de Bakunin. É bem possível e mesmo verossímil, mas... O que ele deixou de ver é que a tarefa que enfrentava não poderia ser resolvida no contexto das estruturas da Internacional, e quanto mais ela reagrupasse suas forças para lutar contra seus inimigos externos, mais se desgastaria no plano interno... Precisaria ser cego para ver na seção alemã, que ganhava força, algo além de um bando vulgar vendido à polícia: lá, onde nascia um partido nacional, a Internacional se deteriorava.

Lá, onde se desenvolviam os partidos de massa, dotados de representação parlamentar e meios materiais importantes, a rede de pequenas organizações originariamente internacionais, como a Liga de 1847 ou a AIT de 1864, estava ameaçada de retalhamento entre polos nacionais mais legítimos do que as próprias instâncias internacionais ou de ser subordinada a uma sede principal, a social-democracia alemã no caso da Segunda Internacional, o partido bolchevique no da Terceira.

A crítica do Programa de Gotha

A social-democracia alemã, cujo poderio domina a Segunda Interacional, nasceu em 1875, no Congresso de Gotha, da fusão entre a corrente marxista animada por August Bebel e Wilhelm Liebknecht e a corrente inspirada por Lassalle. O partido unificado contava com 24 mil membros no momento do congresso e com 40 mil dois anos mais tarde.

Marx fica furioso com as concessões feitas por seus camaradas aos "lassallianos". Disso resulta um programa com forte tonalidade estatista, cuja paternidade lhe é imputada por Bakunin. Em suas anotações à margem do programa, Marx se enraivece:

> Cada passo do movimento real é mais importante do que uma dezena de programas. Se, portanto, não se podia – e as circunstâncias do momento não o permitiam – ir *além* do programa de Eisenach, então era melhor ter firmado um acordo para a ação contra o inimigo comum. Mas, ao se conceber programas de princípios (em vez de postergar isso até que tal programa possa ser preparado por uma longa atividade comum), o que se faz é fornecer ao mundo as balizas que servirão para medir o avanço do movimento do partido.
> Os líderes lassallianos nos procuraram forçados pelas circunstâncias. Se tivessem sido previamente esclarecidos de que não haveria nenhuma barganha de princípios, teriam sido obrigados a se contentar com um programa de ação ou um plano para

a ação comum. Em vez disso, permitimos que eles se apresentem munidos de mandatos, reconhecemos esses mandatos como vinculantes e assim nos submetemos incondicionalmente ao arbítrio daqueles que necessitam de socorro. Para coroar a situação, eles promovem um congresso *antes do congresso de unificação*, enquanto nosso próprio partido realiza seu congresso *post festum*. O que se pretendia era claramente escamotear qualquer crítica e não deixar que nosso partido pudesse refletir sobre a questão.*

Engels quer se tranquilizar, relativizando a importância dos textos e insistindo na dinâmica do processo engrenado: os trabalhadores, diz ele, leram o que deveria estar no programa, não o que de fato estava escrito. Mas os dois velhos cúmplices estão de acordo em preservar a autonomia do trabalho teórico e sua própria liberdade de reflexão e de expressão contra qualquer ingerência das instâncias dirigentes do partido: "não há foro democrático para trabalhos científicos" e "é estéril o cargo de redator de jornal pertencente a um partido", repetem.

A forma-partido

Foi após a morte de Marx e mesmo a de Engels que os partidos políticos assumiram, com a institucionalização parlamentar, a forma organizacional estável que conhecemos. Não é por acaso que a literatura sociológica pioneira sobre os partidos políticos, principalmente os livros clássicos de Ostrogorski e Robert Michels, e as grandes controvérsias sobre a burocratização do movimento trabalhista, especialmente as de Georges Sorel e Rosa Luxemburgo, datem do início do século XX. "A organização constitui precisamente a fonte de onde as correntes conservadoras fluem para a planície da democracia", escreve Michels.

> Reduzida à sua mais breve expressão, a lei sociológica fundamental que parece reger inelutavelmente os partidos políticos pode ser formulada assim: a organização é a fonte de onde nasce a dominação dos eleitos sobre os eleitores, dos mandatários sobre os mandantes, dos delegados sobre os que delegam [...]. É uma lei social inelutável que qualquer órgão da coletividade, nascido da divisão do trabalho, cria para si, logo que estiver consolidado, um interesse especial, um interesse que existe dentro de si e para si. Mais do que isso: camadas sociais desempenhando funções diferentes tendem a se isolar, a se outorgar órgãos aptos a defender seus interesses particulares e a se transformar finalmente em classes distintas.**

---

* Karl Marx, "Carta a Bracke", em *Crítica do Programa de Gotha*, cit., p. 20-1. (N. T.)
** Robert Michels, *Sociologia dos partidos políticos* (trad. Arthur Chaudon, Brasília, UnB, 1982), p. 234, 238. (N. T.)

E conclui profeticamente: "no dia em que o governo alemão se oferecer o luxo de um único ministério liberalizante (os socialistas, com efeito, contentam-se facilmente), a infecção reformista atingirá a Alemanha em grande extensão". Com a institucionalização parlamentar e a divisão complexa do trabalho nas sociedades modernas, o movimento trabalhista descobre o risco burocrático e os perigos profissionais do poder, desconhecidos por Marx e Engels.

Na mesma época, Lenin revoluciona a própria noção de partido ao contestar, em *Que fazer?*, a "confusão entre partido e classe", que é uma "ideia desorganizadora". Muito raramente se comentou que essa distinção entre partido e classe implica a possibilidade lógica de uma pluralidade de partidos darem interpretações diferentes aos interesses de classe. Também raramente se comentou que, para Lenin, a política não é o simples reflexo das relações sociais, mas sua transposição para um campo específico. É porque, para ele, o militante revolucionário não é simplesmente um bom militante sindical, mas "um tribuno popular que sabe reagir [...], qualquer que seja a camada social atingida"*, capaz de compreender todas as suas contradições. É também porque ele concebe a crise revolucionária como uma crise geral das "relações recíprocas entre todas as classes da sociedade contemporânea". É, enfim, porque o partido político não é mais uma forma intermitente, que aparece e desaparece conforme o fluxo e o refluxo da luta de classes, mas uma necessidade permanente, pois:

> Não seria possível imaginar a própria revolução sob a forma de um ato único: a revolução será sempre uma sucessão rápida de explosões mais ou menos violentas, alternando-se algumas fases de calma momentânea mais ou menos profundas. Por isso, a atividade essencial de nosso Partido, o palco de sua atividade, deve consistir em um trabalho que seja possível e necessário tanto nos períodos de explosões mais violentas como nos de calma absoluta, isto é, deve consistir em um trabalho de agitação política unificada para toda a Rússia.**

Enquanto na obra de Marx e Engels predomina uma concepção intermitente do partido, como guia da marcha histórica e pedagógica do proletariado, Lenin introduz a nova noção de um partido estrategista.

Bibliografia selecionada

DRAPER, Hal. *Karl Marx's Theory of Revolution*, v. 4. Nova York, Monthly Review Press, 1990.

LENIN, Vladimir. *Que faire?* Moscou, Éditions de Moscou, s/d [ed. bras.: *Que fazer?* São Paulo, Hucitec, 1988].

MARX, Karl. *Critique du programme de Gotha*. Paris, Éditions Sociales/Gemme, 2008 [ed. bras.: *Crítica do programa de Gotha*. São Paulo, Boitempo, 2012].

MEHRING, Franz. *Karl Marx*: histoire de sa vie. Paris, Éditions Sociales, 1983 [ed. bras.: *Karl Marx*: a história de sua vida. São Paulo, Sundermann, 2013].

MICHELS, Robert. *Les partis politiques*: essai sur les tendances oligarchiques des démocraties. Paris, Flammarion, 1971 [ed. bras.: *Sociologia dos partidos políticos*. Brasília, UnB, 1982].

OSTROGORSKI, Moisei. *La démocratie et les partis politiques*. Paris, Seuil, 1979.

TEXIER, J. *Révolution et démocratie chez Marx et Engels*. Paris, PUF, 1998 [ed. bras.: *Revolução e democracia em Marx e Engels*. Rio de Janeiro, Editora UFRJ, 2005].

---

* V. I. Lenin, *Que fazer?* (São Paulo, Hucitec, 1988), p. 63. (N. T.)
** Ibidem, p. 137. (N. T.)

8

QUEM ROUBOU O MAIS-VALOR? O ROMANCE *NOIR* DO CAPITAL

O capital tem reputação de livro difícil. No entanto, Marx pretendia tê-lo escrito para trabalhadores. A verdade está no meio: o livro não é fácil, mas é decifrável. E deveria seduzir qualquer leitor de romances policiais. Porque é um romance policial, o protótipo do romance *noir*, escrito na época em que, de *Um caso tenebroso* de Balzac ao herói de Conan Doyle, passando por Poe, Dickens e Wilkie Collins, o gênero amadureceu, na medida exata em que se desenvolviam as cidades modernas, onde se perde a pista dos culpados e o criminoso se dissipa no anonimato da multidão. É também a época em que a Scotland Yard confia as investigações policiais complexas a inspetores à paisana e a agência Pinkerton desfruta de uma notável prosperidade.

Em qualquer enredo bem idealizado, a abordagem do tema é fundamental. A Bíblia começa pelo Verbo, Hegel pelo Ser, Proust pela *madeleine*. Em um mundo que forma um todo cujas partes são articuladas e solidárias, por onde começar? Marx não para de refletir sobre esse problema, a ponto de modificar catorze vezes seu projeto, entre setembro de 1857 e abril de 1868. O projeto original era dividido em seis livros: 1) O capital; 2) A propriedade rural; 3) O trabalho assalariado; 4) O Estado; 5) O comércio exterior; 6) O mercado mundial. O projeto modificado reduziu-se a três: 1) O processo de produção do capital; 2) O processo de circulação do capital; 3) O processo global de produção capitalista (ou a reprodução do conjunto). As questões atinentes à concorrência, ao lucro e ao crédito são agora logicamente analisadas no Livro III, sobre o processo global. Desaparecem a questão do Estado e a do mercado mundial.

Como *Millennium*, *O capital* também é uma trilogia. Marx inspira-se na lógica de Hegel. Assim, os três livros seguem de perto os três momentos da natureza em *Enciclopédia das ciências filosóficas*: o mecanismo (relação de exploração na produção), o quimismo (ciclo das diferentes formas de capital), a física orgânica ou o organismo vivo (reprodução do conjunto). A difícil questão do começo (onde começa uma totalidade?), o ponto de partida para a travessia das aparências enganosas, está por fim resolvida.

No princípio era a mercadoria. Sob sua aparente banalidade, qualquer mesa, qualquer relógio, qualquer prato, como a noz da célebre canção de Charles Trenet*, contém um mundo de mercadorias. Basta abrir para que saia, como lenços e coelhos do chapéu de um mágico, uma série de categorias que vêm aos pares: valor de uso e valor de troca, trabalho concreto e trabalho abstrato, capital constante e capital variável, capital fixo e capital circulante. Um mundo esquizofrênico, perpetuamente bipartido entre quantidade e qualidade, privado e público, homem e cidadão.

A partir da definição inicial de riqueza como uma "enorme acumulação de mercadorias", Marx tem os trunfos para esclarecer o grande mistério moderno, o grande prodígio do dinheiro que faz dinheiro: no princípio da riqueza estava o crime de extorsão do mais-valor, quer dizer, o roubo do tempo de trabalho forçado não pago do trabalhador! Ao descobrir, aos 22 anos, as condições de exploração, os casebres, as doenças da classe laboriosa inglesa, o jovem Engels já tinha entendido que se tratava simplesmente de um "assassinato". De um "assassinato idêntico ao perpetrado por um indivíduo, apenas mais dissimulado e

---

* Alusão a duas canções, "Une noix" e "L'héritage infernal". (N. T.)

mais pérfido", porque é um "assassinato contra o qual ninguém pode se defender, porque não parece um assassinato, porque não se vê o assassino, porque o assassino é todo mundo e ninguém, a morte da vítima parece natural"[1]. Mas não deixa de ser um assassinato. Para elucidar esse assassinato anônimo, Sherlock-Marx, assistido por Watson-Engels, consagrará a maior parte de sua vida.

A cena do crime: o processo de produção do capital (Livro I)

Por mais tempo que se permaneça na movimentada praça do mercado, onde se agitam vendedores e clientes, onde se trocam mercadorias e dinheiro, continua intacto o mistério da acumulação da riqueza. Se a troca fosse equitativa, o mercado seria um jogo de soma nula. Cada um receberia a exata contrapartida do que oferecesse. Supondo-se que haja jogadores mais hábeis do que outros, que embolsem mais do que o valor apostado, ainda assim seria um jogo de soma nula, porque alguns perderiam exatamente o que outros ganhariam. Porém, o gigantesco ajuntamento de mercadorias não para de crescer. O capital acumula-se. De onde vem esse crescimento? Insondável mistério. Pelo menos enquanto se fica aturdido pela efervescência do mercado ou, em versão mais contemporânea, pela agitação neurótica dos corretores e operadores da Bolsa.

O detetive Marx nos convida a olhar ao redor. A descobrir o que se passa nos bastidores ou, melhor ainda, no subsolo, nos porões onde o mistério se esclarece:

> Deixemos, portanto, essa esfera rumorosa, onde tudo se passa à luz do dia, ante os olhos de todos, e acompanhemos os possuidores de dinheiro e de força de trabalho até o terreno oculto da produção, em cuja porta se lê: *No admittance except on business* [Entrada permitida apenas para tratar de negócios]. [...] O segredo da criação do mais-valor tem, enfim, de ser revelado. [...] Ao abandonarmos essa esfera da circulação simples ou da troca de mercadorias, de onde o livre-cambista *vulgaris* [vulgar] extrai noções, conceitos e parâmetros para julgar a sociedade do capital e do trabalho assalariado, já podemos perceber uma certa transformação, ao que parece, na fisionomia de nossas *dramatis personae* [personagens teatrais]. O antigo possuidor do dinheiro se apresenta agora como capitalista, e o possuidor de força de trabalho, como seu trabalhador. O primeiro, com um ar de importância, confiante e ávido por negócios; o segundo, tímido e hesitante, como alguém que trouxe sua própria pele ao mercado e, agora, não tem mais nada a esperar além da... despela.*

---

[1] Friedrich Engels, *A situação da classe trabalhadora na Inglaterra* (trad. B. A. Schumann, São Paulo, Boitempo, 2007), p. 136.

* Karl Marx, *O capital*, Livro I (trad. Rubens Enderle, São Paulo, Boitempo, 2013), p. 250-1. (N. T.)

Cena extraordinária de descida aos Infernos! Dá para vê-los, esses dois personagens. O homem do dinheiro (hoje, dos euros), satisfeito, arrogante, autoritário, e o trabalhador resignado, humilhado, envergonhado de ter se vendido e do que o espera.

Atrás da agitação superficial do mercado fica o curtume, o local do crime: a oficina ou a fábrica onde o trabalhador é espoliado do mais-valor, onde enfim se revela o segredo da acumulação da riqueza. Entre as mercadorias, uma é bem singular: a força de trabalho. Ela tem a fabulosa virtude de criar valor ao ser consumida, de funcionar mais tempo do que o necessário para sua própria reprodução. É dessa capacidade que o homem do dinheiro se apoderou. O trabalhador, que não possui nada para vender exceto sua força de trabalho, não tem escolha. Mas, se aceitou e consentiu em seguir seu comprador, ele não se pertence mais. "O valor de uso da força de trabalho [sua utilidade para o comprador], o próprio trabalho, pertence tão pouco ao seu vendedor quanto o valor de uso do óleo pertence ao comerciante que o vendeu"*. Aparentemente equitativo, dando e recebendo – de "ganha-ganha", como diriam nossos candi-

---

* Ibidem, p. 270. (N. T.)

dados –, o contrato de compra e venda da força de trabalho revela-se uma trapaça. Uma vez concluído, o trabalhador é reduzido a "tempo de trabalho personificado"*, uma "carcaça de tempo", segundo Marx, que o empregador tem legalmente o direito de utilizar quanto quiser.

A repartição entre o tempo de trabalho necessário à reprodução da força de trabalho do trabalhador e de sua família, e o "sobretrabalho" que lhe é gratuitamente extorquido ou imposto pelo patrão: essa é a aposta inicial da luta de classes. A aposta de uma luta permanente, em que o trabalhador se esforça para aumentar sua parte na divisão entre trabalho necessário e sobretrabalho, entre salário e mais-valor, enquanto o patrão, inversamente, ao intensificar o trabalho, prolongar sua duração e reduzir as necessidades do trabalho, se esforça no sentido oposto.

Compreende-se agora o disparate da ideia de "preço justo" para uma "jornada normal de trabalho". Não existe jornada normal nem preço justo. Porque a força de trabalho, à diferença das outras mercadorias, contém em si um "elemento histórico e moral"**. Marx entende que as necessidades sociais não são redutíveis às necessidades básicas de se alimentar e se aquecer. Elas evoluem historicamente. Enriquecem-se, diversificam-se, e seu reconhecimento pela sociedade é o resultado de uma relação de forças. Com insistência, o trabalhador não cansa de lutar para que novas necessidades (culturais, de lazer, qualidade de vida, saúde, educação) se tornem legítimas dentro do tempo de trabalho reconhecido como "socialmente necessário" à reprodução de sua força de trabalho. Em outras palavras, luta para deslocar a seu favor o cursor da divisão e, portanto, reduzir o "tempo de trabalho extra", o mais-valor usurpado por seu empregador. Inversamente, o empregador sempre se esforça para reduzir as necessidades socialmente reconhecidas do trabalhador e aumentar a taxa de exploração ou de mais-valor, fazendo pressão sobre os salários, exigindo redução de encargos, reclamando isenções fiscais, desviando despesas de saúde e educação para a esfera privada. Tentando prolongar o tempo de trabalho (aumento da duração semanal, adiamento da idade de aposentadoria) ou intensificar o trabalho (aumento do ritmo, "gestão por estresse", gerenciamento do tempo ocioso etc.), a maior parte das vezes investindo em ambas as frentes. Na primeira, Marx fala de aumento do mais-valor absoluto; na segunda, de aumento do mais-valor relativo.

---

* Ibidem, p. 317. (N. T.)
** Ibidem, p. 246. (N. T.)

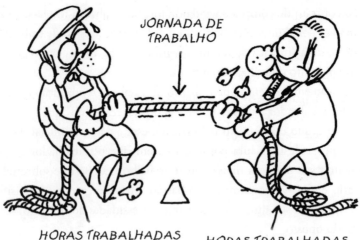

HORAS TRABALHADAS PAGAS   HORAS TRABALHADAS NÃO PAGAS

jornada de trabalho 8 h

$V = 6$ h $m = 2$ h

$m/V = 2/6 = 1/3$

jornada de trabalho 10 h

$V = 6$ h $m = 4$ h

$m/V = 4/6 = 2/3$

prolongamento da jornada de trabalho = aumento do mais-valor absoluto

jornada de trabalho 7 h

$V = 6$ h $m = 1$ h

$m/V = 1/6$

redução da jornada de trabalho (sindicatos) = redução do mais-valor absoluto

jornada de trabalho 8 h

$V = 4$ h $m = 4$ h

$m/V = 4/4 = 100\%$

intensificação do trabalho = aumento do mais-valor relativo

jornada de trabalho 8 h

$V = 7$ h $m = 1$ h

$m/V = 1/7$

aumento dos salários

Foi cometido um crime original. O mais-valor foi roubado! Se a vítima, o trabalhador, não morreu (mas às vezes morre: acidentes de trabalho, suicídio, depressão, doenças profissionais), ficou mutilado, física e psiquicamente. Porque, na manufatura moderna:

> [...] não só os trabalhos parciais específicos são distribuídos entre os diversos indivíduos, como o próprio indivíduo é dividido e transformado no motor automático de um trabalho parcial [...]. As potências intelectuais da produção, ampliando sua escala por um lado, desaparecem por muitos outros lados. O que os trabalhadores parciais perdem concentra-se defronte a eles no capital.*

A consequência é o que Marx já qualifica de "patologia industrial". Com o aparecimento dos acionistas assalariados, essa patologia atinge a esquizofrenia. Despedaçado, bipartido entre assalariado e acionista, dividido contra si próprio, o trabalhador teria agora interesse, como acionista, em explorar-se e demitir-se, a si próprio, para aumentar a cotação de suas ações!

A lavagem do dinheiro: a circulação do capital (Livro II)

Não basta ter cometido o crime quase perfeito e saqueado a vítima. É ainda preciso tirar proveito, portanto, lavar dinheiro. É o objeto dos dois livros seguintes de *O capital*, o processo de circulação e o processo global, em que se realiza a transmutação do mais-valor em lucro. O primeiro livro tem como palco o local de produção (fábrica, oficina, escritório); o segundo, o mercado. Seu propósito não é esclarecer o mistério da origem do mais-valor, mas o modo como ele circula até cair nas mãos do homem do dinheiro. O trabalhador não figura mais como explorado produtor de sobretrabalho, mas como vendedor de sua força de trabalho e comprador potencial de bens de consumo. O papel principal do drama agora cabe ao capitalista em ação: financista, empresário, comerciante, que são as sucessivas encarnações do capital.

Durante o processo de circulação, o capital muda continuamente o figurino: entra em cena como dinheiro (D), sai por um lado e volta pelo outro em forma de máquinas e matérias-primas (P) – ou capital constante –

---

* Ibidem, p. 434-5. (N. T.)

e salários – ou capital variável. Daí sai de novo e se reapresenta como produto, mercadorias (M), que por sua vez se metamorfoseiam no ato de venda, para reassumir a forma dinheiro. Com o detalhe de que, ao voltar a essa forma (D'), o dinheiro inicial (D) terá procriado. Ao longo de suas metamorfoses, o capital cresce. Acumula-se.

No processo de produção (Livro I), o tempo é linear. Analisa-se a luta pela divisão de um segmento, a jornada de trabalho, entre trabalho necessário e sobretrabalho. No processo de circulação (Livro II), o tempo é cíclico. Fala-se das rotações durante as quais o capital percorre o ciclo de suas transformações:

> O capital, como valor que se valoriza, não encerra apenas relações de classes, um carácter social determinado que repousa sobre a existência do trabalho como trabalho assalariado. [...] O capital é um movimento, um processo cíclico atravessando

diversos estágios e que ele próprio implica por seu lado três formas diferentes do processo cíclico. É por isso que o capital só pode ser compreendido como movimento, e não como uma coisa estática, parada.*

A circulação estabelece, com efeito, um vínculo social coercitivo entre a produção e a realização do valor. O capital não é uma coisa, mas um movimento perpétuo. Do mesmo modo que o ciclista cai se parar de pedalar, o capital morre se parar de circular.

$$D \to Cc + Cv \text{ (ou capital produtivo P)} \to M \to D'$$
Esquema do ciclo de circulação do capital

Metamorfoses do capital

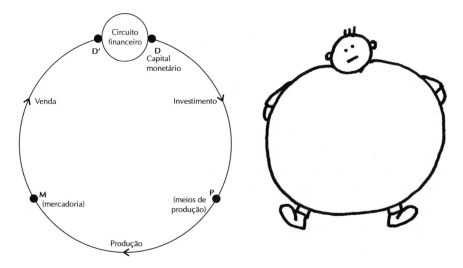

Ora, cada metamorfose, cada ato de compra e venda, é um salto acrobático, porque não existe mais um vínculo necessário entre ambos. Se a mercadoria não tiver comprador, se sobrar no estoque ou nas prateleiras do comerciante, o ciclo se interromperá. O capital correrá risco de parada cardíaca. E, como o detentor do capital monetário ou bancário (D') na maior parte das vezes se antecipou à venda para investir em novo ciclo, na esperança de novo lucro (D" > D' > D), a crise pode virar uma bola de neve.

Para conhecer a parte de trabalho privado que será validada como trabalho social, é preciso, com efeito, esperar o veredicto do mercado. Suponhamos

---

* Idem, O *capital*, Livro II (trad. Reginaldo Sant'Anna, Rio de Janeiro, Civilização Brasileira, 1980), cap. 4. (N. T.)

que um marceneiro fabrique uma mesa em dez dias e que seu concorrente tenha descoberto, sem que ele saiba, um meio de fabricar a mesma mesa em um só dia. Quando ambos se apresentarem ao mercado, o primeiro cobrará caro demais. Sua mesa não será vendida. Ele estará condenado à falência. Seu trabalho terá sido pura perda, porque não será validado pelo mercado como trabalho socialmente útil. Para tanto, a mercadoria teria de cumprir seu último salto, de mercadoria a dinheiro, salto de mestre ou salto da morte, conforme tenha sucesso ou fracasse. Mas disso o empresário não pode ter nenhuma garantia antecipada.

Essa circulação não é homogênea. No Livro I, o que Marx chama de capital constante (fábricas, máquinas, matérias-primas, depósitos) e o que chama de capital variável (consagrado à compra da força de trabalho) intervêm como determinações específicas do capital na esfera de produção. No Livro II, capital fixo (máquinas e locais que não se esgotam durante um ciclo de produção) e capital circulante (matérias-primas e salários) intervêm como determinações específicas na esfera de circulação. O capital circulante é consumido e renovado a cada ciclo, enquanto o capital fixo só é consumido parcialmente e se renova com intermitência. O capital pode "durar muito tempo em forma de dinheiro", mas não se conserva "na forma perecível de mercadoria". Por fim, "os ciclos dos capitais individuais se entrelaçam, se pressupõem e se condicionam uns com os outros"*. Esse enovelamento constitui o movimento de conjunto do capital. Contém fatores de arritmia, de discordância, que se manifestam nas crises tanto em função da distribuição desproporcional do capital entre o setor de bens de produção e o de bens de consumo quanto em função de solavancos consecutivos à renovação do capital fixo, ou à desconexão entre produção e realização de mais-valor. Como se o receptador não conseguisse mais escoar o produto do roubo de uma quadrilha, que continuasse a assaltar joalherias sem jamais obter qualquer retorno monetário.

O livro sobre o processo de circulação destaca, assim, o caráter descontínuo das conexões entre as diversas formas que assume o capital durante as suas metamorfoses. A questão complica-se mais ainda porque o modo de produção capitalista não se restringe ao ciclo percorrido por um capital solitário. É uma produção generalizada de mercadorias. O capital monetário (D) não se contenta em preceder ou suceder as outras formas de aparição (P ou M). Quer estar a seu lado. Logo, a continuidade do processo global depende

---

* Idem. (N. T.)

da descontinuidade e da dessincronização dos ciclos respectivos do capital monetário, industrial e comercial, isto é, que o banqueiro possa fornecer crédito para o industrial investir antes de suas mercadorias serem escoadas pelo comerciante, e que o comerciante consiga empréstimo para renovar seu estoque antes que tenha esgotado o precedente. O Livro II examina, assim, o entrelace, o vaivém constante entre aparição e desaparição dessas três formas de capital, da esfera de circulação à de produção, e vice-versa, até que a mercadoria seja finalmente consumida.

Nas três figuras do processo de circulação, "cada momento (dinheiro, D; capital produtivo, P; e mercadoria, M) aparece sucessivamente como ponto de partida, ponto intermediário e retorno ao ponto de partida do ciclo". Portanto, o processo de produção serve de meio ao processo de circulação e reciprocamente. Mas, na realidade, cada capital industrial está simultaneamente envolvido nos três ciclos. "O ciclo total é a unidade efetiva dessas três formas", e o capital só pode ser compreendido em seu ciclo global.

O Livro II também ressalta a importância do fator tempo: "A rotação do elemento fixo do capital constante, e, consequentemente, a duração necessária dessa rotação, engloba várias rotações dos elementos circulantes"*. O valor do capital produtivo é "introduzido de um só golpe" na circulação, mas é retirado "gradualmente", em frações.

O acerto da grana: o processo global da produção capitalista (Livro III)

No Livro I, o mais-valor foi roubado. No Livro II, ele passou de mão em mão. No Livro III, chega a hora de dividir o butim, do "acerto", nas palavras de Michel Audiard e Albert Simonin**. Livro da "produção capitalista considerada em sua totalidade", o Livro III de *O capital* desperta o entusiasmo de Engels: "Esse livro está destinado a revolucionar definitivamente toda a economia política e fará um alvoroço enorme". Porque "toda a economia política burguesa será demolida" e chega-se ao desfecho do enredo. Caminhando do abstrato ao concreto, do ciclo único de um capital imaginário ao movimento global de uma multiplicidade de capitais, do valor ao preço e ao lucro, do esqueleto do capital a seu sangue e sua carne, o retrato falado desse *social killer* tornou-se cada vez mais preciso. Ele aparece agora como um ser vivo, insaciável, perpetuamente sedento por novos lucros:

---

*   Ibidem, cap. 8. (N. T.)
** Autores franceses de romances policiais. (N. T.)

No Livro I, analisamos os diversos aspectos que apresenta o processo de produção capitalista em si, como atividade de produção imediata, e fizemos abstração de todos os efeitos secundários. Mas a vida do capital ultrapassa esse processo de produção imediata. No mundo real, o processo de circulação, que é o objeto do Livro II, vem completá-lo [...]. No Livro III, trata-se de descobrir e descrever as formas concretas que se originam do movimento do capital como um todo. É sob essas formas concretas que os capitais enfrentam em seu movimento real [...]. As formas do capital que vamos expor neste livro o aproximam progressivamente da forma com que ele se manifesta na sociedade, na superfície, pode-se dizer, na ação recíproca dos vários capitais na concorrência e na consciência ordinária dos próprios agentes de produção.*

Como forma transfigurada do mais-valor, o lucro está no âmago do processo global de produção capitalista. O mais-valor é apenas o lucro em potencial. Precisa realizar-se para se orientar em seguida, seja para o consumo, seja para a acumulação (ou o investimento). Os valores, medidos em tempo de trabalho, transformam-se em preço de produção quando as mercadorias deixam o processo de produção. Esses preços simultaneamente são e não são a mesma coisa que o valor, sua negação e sua plenitude. Igualmente, diz Marx, o lucro tanto é o mais-valor sob outra forma quanto algo distinto do mais-valor:

> O lucro, tal como apresentado aqui, é a mesma coisa que mais-valor, mas simplesmente em uma forma mistificada que nasce necessariamente do modo de produção capitalista [...]. Como o preço da força de trabalho aparece em um dos polos em forma modificada de salário, o mais-valor aparece no polo oposto sob a forma modificada de lucro. [A forma em que] camuflam e apagam sua origem e o mistério de sua existência. [...] Quanto mais seguimos o processo da autoexpansão do capital, mais misteriosas parecem suas relações e menos se revela o segredo de sua organização interna. [...] O mais-valor transformado em lucro tornou-se irreconhecível.**

O encarregado da lavagem de dinheiro conclui sua missão com sucesso.

É esse o jogo de trapaça que fazem os economistas clássicos para explicar os diferentes rendimentos (renda, lucro e salário), dissimulando a origem comum. Para eles, a cada fator de produção corresponde um rendimento naturalmente legítimo e equitativo: ao capital, o lucro; à terra, a renda fundiária; ao trabalho, o salário. "Eis a fórmula trinitária que engloba todos os segredos do processo social de produção." Capital, terra, trabalho! Ora, o capital "são os meios de produção monopolizados por uma parte da sociedade", "personificados no capital". A terra, "massa de matéria rude e bruta", só produz renda se fecundada por certa quantidade de trabalho. Quanto ao terceiro termo da trindade, o "trabalho", ele é um "simples fantasma" se considerado abstratamente como "troca de matéria com a natureza", e não concretamente, historicamente, como atividade de produção em uma relação social de (propriedade) particular.

---

* Karl Marx, O *capital*, Livro III (São Paulo, Boitempo, no prelo). Aqui em tradução livre. (N. T.)

** Idem. (N. T.)

Da mesma forma que o capital, o trabalho assalariado e a propriedade fundiária são formas sociais historicamente determinadas, uma pelo trabalho, a outra pelo monopólio do globo terrestre, ambas correspondentes ao capital e pertencentes à mesma estrutura econômica da sociedade.*

Os agentes da produção têm uma imagem "falseada" da repartição da riqueza.

Para eles, não são apenas as diversas formas do valor que, sob a forma de renda, vão a diversos atores do processo social de produção; é o próprio valor que vem dessas fontes e serve de substância para essa renda.**

Na fórmula trinitária, o capital, a terra e o trabalho aparecem como "três fontes diferentes e autônomas" do interesse (em vez de lucro), da renda fundiária e do salário, seus respectivos e legítimos frutos. Na realidade os três provêm de uma única fonte, o trabalho, o único capaz de produzir mais do que gasta:

> Para o capitalista, o capital é uma máquina que suga perpetuamente o sobretrabalho; para o proprietário fundiário, a terra é um imã perene que atrai a fração do mais-valor sugada pelo capital; enfim, o trabalho é a condição e o meio renovados em permanência, que permitem obter, sob o nome de salário, uma fração do valor criado pelo trabalho, logo, uma parte do produto social medido por essa fração do valor, isto é, o necessário à vida.***

O rateio entre lucro, renda e salário é o resultado de uma distribuição leonina, em que o capital dita sua lei ao trabalho. É ainda o mais-valor que se cinde entre o lucro do empresário (capitalista industrial) e o interesse do banqueiro (capitalista financeiro).

A lógica do sistema e a pluralidade dos capitais englobam a possibilidade de que a circulação possa se distanciar da produção e de que o capital bancário possa se autonomizar em relação ao capital industrial. Desse fato pode nascer a ilusão do dinheiro que faz dinheiro, do dinheiro que fecunda a si próprio, sem passar pelo circuito da produção e da circulação. Essa é a ilusão do pequeno poupador ou do acionista que se deleitam com a ideia de um mais-valor de 15% ao ano na Bolsa (diante de um crescimento real inferior a 3%) ou com a ideia de um interesse garantido de mais de 5%, sem se perguntar qual prodígio fará proliferar o dinheiro adormecido. Ele não enxerga o ciclo completo do capital (D-P-M-D'), só o circuito (D-D').

---

* Idem. (N. T.)
** Idem. (N. T.)
*** Idem. (N. T.)

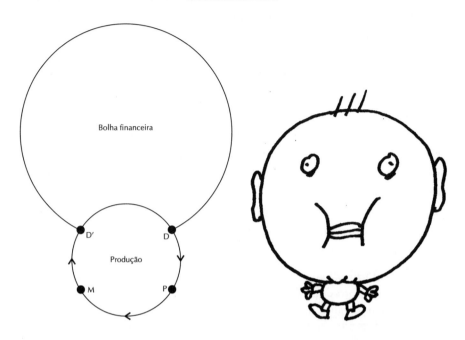

E se o circuito financeiro se entusiasmar, se o círculo D-D' da circulação financeira girar mais depressa do que o círculo da produção global (D-P-M-D') e se, além do mais, maravilhados com esse prodígio, acionistas e banqueiros anteciparem os ciclos futuros e acelerarem o movimento, então o sistema se tornará hidrocéfalo, a economia especulativa ou virtual se tornará mais importante do que a economia real. É a famosa bolha, que, como o sapo da fábula, acabará por explodir*.

Nessas proezas do crédito, o fetichismo do dinheiro atinge seu cume. Surge como um "ser místico", dotado de poder mágico e miraculoso: "todas as forças sociais produtivas parecem vir do capital e não do trabalho. Parecem jorrar de seu seio"**. Isso porque, na esfera da circulação, "as relações em que o valor foi originalmente produzido são totalmente postas nos bastidores"***. O processo real de produção, isto é, o conjunto do processo de produção imediata e do processo de circulação, "origina novas estruturas, em que o fio

---

* Alusão à fábula "O sapo que queria ser boi", de La Fontaine. (N. T.)
** Karl Marx, *O capital*, Livro III, cit. (N. T.)
*** Idem. (N. T.)

condutor das conexões e relações internas se perde cada vez mais, as relações de produção tornam-se autônomas umas em relação às outras, os elementos de valor ficam estagnados em formas independentes umas das outras"*. Desse modo, uma parte do lucro separa-se e parece advir não mais da exploração do trabalho assalariado, mas do trabalho do próprio capitalista. E o interesse do capital parece independer do trabalho assalariado do trabalhador e ter no capital sua origem autônoma.

O capital não é um tratado ou manual de economia política, mas uma crítica da "economia política" como disciplina com pretensões científicas que aborda um tema – a economia –, ele próprio separado da totalidade complexa das relações sociais, e fetichizado. O movimento da crítica não tem limite. Se a lógica da obra atravessa falsas evidências para ir do abstrato ao concreto, introduzindo novos determinantes ao longo do percurso, ela tampouco pretende atingir a plenitude da realidade. Marx é claro:

> Ao expor a reificação das relações de produção, e como se tornam autônomas em relação aos agentes de produção, não mostramos em detalhe como as interferências do mercado mundial, suas conjunturas, o movimento dos preços no mercado, os períodos de crédito, os ciclos industriais e comerciais, a alternância entre prosperidade e crise aparecem a esses agentes como leis naturais todo-poderosas, expressão de uma dominação fatal, que se manifestam como uma necessidade cega. Não o mostramos porque o movimento real da concorrência situa-se fora do nosso plano e só pretendemos estudar aqui a organização interna do modo capitalista de produção, em sua média ideal.**

Em outras palavras, os livros excluídos do projeto inicial, sobre o Estado e o mercado mundial, teriam introduzido novas determinações e levado a uma maior aproximação do "movimento real da concorrência e da complexidade da vida social".

Bibliografia selecionada

ALTHUSSER, Louis; BALIBAR, Étienne; ESTABLET, Roger. *Lire* Le Capital, v. 2. Paris, Maspero, 1965 [ed. bras.: *Ler* O capital, v. 2. Rio de Janeiro, Zahar, 1980].

ARTOUS, Antoine. *Le fétichisme chez Marx*: le marxisme comme théorie critique. Paris, Syllepse, 2006.

BIDET, Jacques. *Que faire du Capital? Matériaux pour une refondation*. Paris, Klincksieck, 1985.

---

* Idem. (N. T.)

** Idem. (N. T.)

BIHR, Alain. *La réproduction du capital*: prolégomènes à une théorie générale du capitalisme. Lausanne, Page Deux, 2001.

BENSAÏD, Daniel. *La discordance des temps*: essais sur les crises, les classes, l'histoire. Paris, Éditions de la Passion, 1995.

DUSSEL, Enrique. *La producción teórica de Marx: un comentario a los* Grundrisse. México, Siglo XXI, 1985 [ed. bras.: *A produção teórica de Marx: um comentário aos* Grundrisse. São Paulo, Expressão Popular, 2012].

GROSSMANN, Henryk. *Marx, l'économie politique classique et le problème de la dynamique.* Paris, Champ Libre, 1975.

LUXEMBURGO, Rosa. *L'accumulation du capital*. Paris, Maspero, 1969 [ed. bras.: *A acumulação do capital*. São Paulo, Nova Cultural, 1985].

MANDEL, Ernest. *El capital*: cien años de controvérsias en torno a la obra de Marx. México, Siglo XXI, 1985.

ROSDOLSKI, Roman. *La genèse du* Capital *chez Karl Marx*. Paris, Maspero, 1976 [ed. bras.: *Gênese e estrutura de* O capital *de Karl Marx*. Rio de Janeiro, Contraponto, 2001].

ROUBINE, Isaak. *Essais sur la théorie de la valeur de Marx*. Paris, Maspero. 1978.

SACCHETTO, Devi; TOMBA, Massimiliano (orgs.). *La lunga accumulazione originaria*: politica e lavoro nel mercato mondiale. Verona, Ombre Corte, 2008.

TOMBAZOS, Stavros. *Le temps dans l'analyse économique*: les catégories du temps dans *Le Capital*. Paris, Cahiers des Saisons, 1994.

TRAN, Hai Hac. *Relire* Le Capital: Marx, critique de l'économie politique et objet de la critique de l'économie politique. Lausanne, Page Deux, 2003.

9

POR QUE O SR. CAPITAL CORRE RISCO DE CRISE CARDÍACA

Não é nova a indignação diante da imoralidade da especulação. Inspirado pela falência do Crédit Immobilier em1864 e da Union Générale em 1890, Zola evoca, em *O dinheiro*, o "mistério das operações financeiras", os "abalos periódicos que parecem doenças da Bolsa" ou, ainda, a "loucura epidêmica da dança dos milhões". Evoca o medo e a angústia de "enfrentar diariamente o perigo de dever com a certeza de não poder pagar". Evoca a "febre", o "frenesi", a "fúria", a "loucura" da corrida mortífera pelo lucro. Essa paixão da "conquista pela conquista" é, no fundo, apenas a consequência da acumulação ampliada do capital. Como os governantes de hoje, os personagens de Zola tentam separar as coisas, diferençar o sistema de seus abusos e excessos, o bom capitalismo, fomentador de progresso, do capitalismo parasitário enxertado como tumor em corpo sadio. Esforçam-se para descobrir as circunstâncias atenuantes da especulação: "Sem ela, não haveria negócios" e o "engenhoso equilíbrio das transações cotidianas seria um deserto ou um pântano com águas estagnadas".

Como a maioria de nossos comentaristas qualificados, Zola confessa sua incompreensão a respeito do "mistério das operações financeiras, que poucos cérebros franceses entendem". Parece atordoado diante desses colapsos da Bolsa, que são irrisórios se comparados à nossa crise globalizada: "Não havia mais verdades, nem lógica, a ideia de valor estava pervertida a ponto de perder qualquer significado real"! No entanto, as trapaças de um Saccard* parecem pecadilhos diante das fraudes globalizadas de um Bernard Madoff**. Naquele tempo, ainda não tinham sido inventados a securitização, a aquisição alavancada, os *swaps*, os *subprimes* e outros derivativos.

A proeza de Marx, contemporâneo da primeira grande expansão bancária dos anos vitorianos e do Segundo Império, é ter ultrapassado as aparências, a

---

*   Personagem fictício de Zola, financista cruel e ganancioso. (N. T.)
** Financista norte-americano, condenado por fraude. (N. T.)

superfície turva das coisas, para buscar no coração do sistema as razões da irracionalidade, a lógica do ilógico.

Quando se põe em campo para escrever a *Crítica da economia política*, falta-lhe, no entanto, distanciamento histórico para perceber claramente os ritmos da economia e desvendar seus mecanismos. Da mesma forma, ao escrever sobre as crises de 1815, o próprio Ricardo "não sabia, no fundo, nada sobre crises". Mas seus sucessores já não têm as mesmas desculpas: "Os fenômenos posteriores, em particular a periodicidade quase regular das crises do mercado mundial, já não lhes permitem negar os fatos ou interpretá-los como acidentais" (Marx, *Teorias da mais-valia*).

"O dinheiro grita seu desejo"

"A crise tira-me o fôlego de modo infernal: todos os dias, os preços baixam. Manchester afunda cada vez mais na crise", escreve Engels a Marx em 17 de dezembro de 1857. Seu entusiasmo diante da propagação da crise estadunidense de 1857 é contagiante. São prova as anotações exaltadas dos manuscritos de 1857-1858 (ou *Grundrisse*). A crise aparece sob a metáfora da loucura, mas de uma loucura "determinante da vida prática dos povos". Manifestam-se plenamente as tendências esquizoides do sistema capitalista. "Cinde-se" a unidade aparente da mercadoria. Valor de uso e valor de troca "se dissociam" e "comportam-se de maneira autônoma um em relação ao outro". A economia inteira torna-se delirante, "alienada", como esfera autônoma repentinamente incontrolável. O vocabulário clínico aqui não é nada fortuito:

> Nas crises – *após* o momento de pânico –, no período da estagnação da indústria, o dinheiro é fixado nas mãos de banqueiros, corretores de títulos etc., e assim como o cervo grita por água fresca, o dinheiro grita por campo de aplicação para que o capital possa ser valorizado.*

A desvalorização do capital surge como retorno do que foi esquecido, a sobreprodução como retorno do reprimido, como a "súbita *recordação* de todos esses momentos necessários da produção fundada no capital"**. A crise relembra à esfera (ou à bolha) econômica que ela não flutua, em levitação, apartada do que hoje surpreendentemente se chama "economia real".

---

* Karl Marx, *Grundrisse* (trad. Mario Duayer e Nélio Schneider, São Paulo, Boitempo, 2011), p. 519. (N. T.)
** Ibidem, p. 340. (N. T.)

A condição de possibilidade das crises reside na duplicidade da mercadoria. Como todo bom burguês, ela leva uma vida dupla. Por um lado, é tempo de trabalho abstrato (tempo socialmente necessário à sua produção) materializado; por outro lado, é o resultado de um trabalho determinado. Para ser comparada a outras grandezas do trabalho, "tem de ser convertida primeiro em tempo de trabalho, portanto, em algo qualitativamente dela diferente"*. Essa vida dupla carrega em si o risco permanente de cisão: "essa dupla existência *distinta* tem de continuar até a *diferença*, a *antítese* e a *contradição* [pela] própria contradição entre a natureza particular da mercadoria como produto e sua natureza universal como valor de troca"**.

Para Marx, a crise de 1857 evidencia o divórcio entre o valor de uso do produto e o valor de troca expresso em dinheiro: assim, não há mais proporção entre a utilidade da habitação para quem precisa de teto e seu preço no mercado imobiliário aquecido pela especulação. É possível que a mercadoria não possa mais ser "igualada com sua forma universal como dinheiro"***. Sua "convertibilidade" pode ser interrompida. O salto acrobático do capital, da forma-mercadoria à forma-dinheiro, pode se tornar um salto-mortal.

Instala-se, então, a discórdia entre produção e circulação. Compra e venda adquirem formas de existência "espacial e temporalmente separadas uma da outra, indiferentes entre si, sua identidade imediata deixa de existir"****. A crise é a expressão desse mal-estar identitário. A busca da identidade perdida torna-se uma fuga para adiante, uma sequência de separações dolorosas e reencontros efêmeros ou, como na canção de *Jules e Jim******, venda e compra perdem-se de vista e reencontram-se sem parar.

> Podem se corresponder ou não se corresponder; podem coincidir ou não; podem entrar em relações recíprocas discrepantes. É verdade que procurarão constantemente se equiparar; porém, no lugar da igualdade imediata anterior, tem lugar agora o constante movimento de equiparação, que pressupõe justamente a constante não equiparação.******

---

*   Ibidem, p. 93. (N. T.)
**   Ibidem, p. 96. (N. T.)
***   Ibidem, p. 225. (N. E.)
****   Ibidem, p. 97. (N. T.)
*****   *O turbilhão da vida*, canção do filme de François Truffaut. (N. T.)
****** Karl Marx, *Grundrisse*, cit., p. 97 (N. T.)

O "germe das crises" está presente no dinheiro como "valor autônomo", "autonomização do valor de troca"[1]. Essa autonomia engendra a ilusão de que o dinheiro pode crescer no circuito de crédito sem ser fecundado em sua passagem pelo processo de produção.

Mas uma cisão jamais vem só. A que divide a troca em atos independentes de compra e venda refrata-se na divisão do capital em industrial, comercial e bancário: "A troca pela troca separa-se da troca por mercadorias". É nesse momento que Marx entrevê a ordem complexa das arritmias do capital:

> Até o presente, temos simplesmente a indiferença recíproca dos momentos singulares no processo de valorização, que internamente se condicionam e externamente se buscam; mas podem se encontrar ou não, podem coincidir ou não, podem se corresponder ou não. A necessidade interna do que é internamente relacionado, e sua existência autônoma reciprocamente indiferente, já constitui a base das contradições. No entanto, ainda não terminamos. A contradição entre a produção e a valorização – da qual o capital, de acordo com seu conceito, é a unidade – ainda tem de ser apreendida de maneira mais imanente, simplesmente como a manifestação indiferente, aparentemente independente dos momentos singulares do processo ou, melhor dizendo, da totalidade de processos opostos entre si.[2]

A divisão propaga-se. A ordem desarmoniosa da produção mercantil, em que o valor das coisas ignora sua substância útil, range, tolhida por todos os lados. Ouvem-se apenas queixas e lamentos, estertores e gemidos de corpos despedaçados:

> A crise, portanto, revela a unidade dos elementos que passaram a ficar independentes uns dos outros. Não ocorreria crise se não existisse essa unidade interna de elementos que parecem comportar-se com recíproca indiferença. Ademais, crise é apenas a imposição violenta da unidade das fases do processo de produção, as quais se tornaram independentes uma das outras [...], estabelecimento por força da unidade entre momentos (produção e consumo) impulsionados de forma autônoma em momentos que são um só.[3]

A ordem do capital – mas não a harmonia social – restabelece-se pela violência e pela força. É o que negam obstinadamente os economistas que se apegam à "unidade essencial" e ignoram o que torna os elementos do processo global antagônicos e hostis, até a explosão.

---

[1] Idem.
[2] Ibidem, p. 338-9.
[3] Karl Marx, *Teorias da mais-valia* (trad. Reginaldo Sant'Anna, Civilização Brasileira, 1980), p. 936, 945.

Desequilíbrio lógico

Em *Teorias da mais-valia*, Marx retoma e desenvolve a análise das crises e de sua recorrência, iniciada nos *Grundrisse*. Ele as contrapõe às teorias do equilíbrio, inspiradas pelo "insípido Jean-Baptiste Say", segundo as quais a superprodução seria impossível em razão de uma identidade imediata entre demanda e oferta. O princípio de que "produtos só se trocam por produtos" garantiria um "equilíbrio metafísico entre vendedores e compradores"*. Ricardo retoma a fábula de Say de que "ninguém produz a não ser para consumir ou vender, e jamais se efetua uma venda a não ser com a intenção de comprar qualquer

---

* Idem, *Grundisse*, cit., p. 347. (N. T.)

outra mercadoria que possa ser imediatamente utilizada"*. Ao produzir, cada um torna-se "consumidor de seus próprios produtos ou comprador e consumidor dos produtos de outro". O círculo estaria, pois, rigorosamente completo, e o equilíbrio entre venda e compra, oferta e procura, assegurado.

A disfunção só poderia vir de uma falha de informação relacionada à crescente complexidade do mercado. Ricardo conjectura, mas logo se tranquiliza:

> Não se deve supor que tal indivíduo permaneça por *maior ou menor tempo* desinformado sobre as mercadorias que pode produzir mais vantajosamente para alcançar o objetivo que tem em vista, ou seja, a aquisição de outros bens, e, portanto, não é provável que ele *continuará* produzindo uma mercadoria para a qual não exista demanda.**

Em suma, o mercado seria um informante perfeito. Mais próximo de nós, foi esse o argumento liberal de Friedrich Hayek a favor da concorrência livre e não falseada, tão cara aos arquitetos da União Europeia. A privatização da informação financeira e a invenção de produtos financeiros cada vez mais sofisticados, que embaralham as mensagens, destroem esse mito.

Ricardo ainda podia acreditar sinceramente na imparcialidade e na fiabilidade informativa do mercado, se não em tempo real, pelo menos a longo prazo, *a posteriori*. Mas e enquanto se espera? Enquanto se espera, a cisão entre venda e compra continua, e a "disjunção do processo de produção imediato e do processo de circulação aumenta a possibilidade da crise". Essa possibilidade resulta do fato de que as formas que o capital percorre no ciclo de suas metamorfoses (de dinheiro – D – a meios de produção – P –, de meios de produção a mercadorias – M –, de mercadorias a dinheiro – D') "podem ser, e são, separadas". Elas "não coincidem no tempo e no espaço". *A fortiori*, com a globalização: o capitalista individual entende o salário como um custo de produção puro, uma vez que o consumidor compra produtos importados e que seus próprios produtos são vendidos em um mercado longínquo. É rompido o chamado círculo virtuoso entre produção e consumo, venda e compra.

A separação da venda e da compra diferencia a economia capitalista de uma economia de troca, em que "ninguém pode vender sem ser comprador" (e reciprocamente), em que a maior parte da produção é diretamente dirigida para a satisfação de necessidades imediatas. "Na produção mercantil", por outro lado,

---

* David Ricardo, *Princípios de economia política e tributação* (trad. Paulo Henrique Ribeiro Sandroni, São Paulo, Nova Cultural, 1996), p. 210. (N. T.)
** Idem. (N. T.)

"a produção imediata desaparece". Não se produz mais em função de necessidades, mas de lucro – que não se importa com necessidades sociais, apenas com demanda solvente, pois, "se não existe venda, é a crise".

Na produção mercantil, para realizar o mais-valor que lhe é incorporado, "a mercadoria deve necessariamente ser transformada em dinheiro, mas o dinheiro não deve ser necessária e imediatamente transformado em mercadorias". É por isso que venda e compra podem se dissociar. Em sua primeira forma, "a crise é a metamorfose da própria mercadoria, a dissociação entre compra e venda"; em sua segunda forma, é função do dinheiro como meio de pagamento autonomizado, "onde o dinheiro atua em duas fases distintas e separadas no tempo, em duas funções distintas"*, de simples equivalente geral entre mercadoria e de capital acumulado.

Essa autonomização do dinheiro prolonga-se na separação entre lucro de empresa e juros. Ela termina por:

> Dar à forma do mais-valor uma existência autônoma, causando a esclerose dessa forma relativamente à sua substância. Uma parte do lucro, por oposição à outra, desliga-se completamente da relação capitalista enquanto tal e parece derivar não da exploração do trabalho assalariado, mas sim do trabalho do próprio capitalista. Por oposição, o interesse parece então ser independente quer do trabalho assalariado do operário, quer do trabalho do capitalista, e ter no capital a sua fonte própria, autônoma. Se primitivamente o capital aparecia na superfície da circulação, de fetiche capitalista, de valor criador de valor, ele reaparece aqui sob a forma de juros, a sua forma mais alienada e a mais característica.**

Esse prodígio dos juros, do dinheiro que parece fazer dinheiro sem percorrer o ciclo das metamorfoses, sem passar pelo processo de produção e de circulação, é o estágio supremo do fetichismo e da mistificação alimentada pelos economistas vulgares.

Para realizar o mais-valor, é preciso vender. Ora, a procura do lucro tende a restringir a demanda, porque comprime os salários ("o poder de compra"!). Graças aos prodígios do crédito, a autonomia do dinheiro permite, no entanto, que seja empreendido um novo ciclo de produção, que flua uma *nouvelle vague* de mercadorias, mesmo que a precedente não tenha sido escoada. Saturação do mercado (sobreprodução) e sobreacumulação do capital são, pois, verso e reverso de um mesmo fenômeno. Os sucessores de Ricardo, diz Marx,

---

* Karl Marx, *Teorias da mais-valia*, cit., p. 509-10. (N. T.)
** Idem, *O capital,* Livro III, cap. 48. (N. T.)

aceitaram o conceito de sobreprodução em uma de suas formas, "a pletora, ou sobreabundância de capital", mas refutam sua outra forma, a sobreabundância de mercadorias no mercado. Essa sobreprodução não tem nada a ver, obviamente, com uma saturação das necessidades sociais, que continuam amplamente insatisfeitas: "ela só tem a ver com necessidades solventes". Não se trata de uma sobreprodução em si, absoluta, mas de sobreprodução relativa à lógica da acumulação do capital.

O capital traz em si a crise

Nos manuscritos de 1857-1858, a crise intervém de forma tripla: empiricamente, por intermédio da recessão americana; teoricamente, por intermédio da separação de compra e venda, que cria as condições formais da sua possibilidade; e, por fim, metaforicamente, como loucura e sofrimento da cisão. Mas a teoria ainda padece de hesitações no plano de conjunto na *Crítica da economia política*. Em *O capital*, ela reforça sua coerência.

No Livro I, sobre o "processo de produção", Marx retoma sua crítica da lei clássica da demanda e do equilíbrio: "Nada pode ser mais tolo do que o dogma de que a circulação de mercadorias provoca um equilíbrio necessário de vendas e compras, uma vez que cada venda é uma compra, e vice-versa"*. O que se pretende provar é que "o vendedor leva seu próprio comprador ao mercado"**. Essa identidade imediata, que existia efetivamente no comércio de troca, é rompida pela generalização da produção mercantil e pela autonomização do dinheiro como um equivalente geral. Portanto, não se trata mais de troca direta de um valor de uso por outro valor de uso, mas de uma mercadoria por dinheiro. A transação torna-se "um ponto de repouso" ou "um período da vida da mercadoria que pode durar mais ou menos"***. A autonomia do dinheiro rompe a simetria perfeita da troca. A vida da mercadoria, o encadeamento das suas metamorfoses, está condicionada aos desejos e caprichos de seu comprador potencial, mas também aos seus recursos, à sua solvência. Na barraca ou na vitrine, ela prende a respiração diante do dinheiro, esse belo indiferente que poderá comprá-la ou desdenhá-la, como lhe aprouver. Se esse intermédio e essa espera se eternizarem, a mercadoria em apneia corre risco de asfixia. A disjunção entre o ato de compra e o ato de venda é, pois, um fator não de equilíbrio, mas de desequilíbrio dinâmico.

O conceito de crise intervém uma primeira vez, assim, não para evocar as crises tal como acontecem concretamente, mas como consequência lógica da "conexão íntima" e contraditória entre os atos assimétricos e potencialmente contraditórios de compra e venda. Reaparece mais adiante, no capítulo sobre "a lei geral da acumulação capitalista". Articula-se com a temporalidade própria do capital. A acumulação apresenta-se como "um movimento de expansão quantitativa" que visa, graças às inovações tecnológicas estimuladas pela concorrência, a um aumento da produtividade do trabalho e a uma economia de trabalho vivo (logo, do emprego). A produção pode, assim, aumentar continuadamente, embora a demanda se reduza. Apesar das aparências, o fator determinante não reside na tecnologia propriamente dita, mas no fluxo e refluxo da força de trabalho empregada.

Marx aborda, dessa maneira, não apenas as condições de possibilidade das crises, mas seu carácter recorrente e cíclico:

---

*   Idem, O *capital*, Livro I (trad. Rubens Enderle, São Paulo, Boitempo, 2013), p. 186. (N. T.)
**   Ibidem, p. 709. (N. T.)
*** Ibidem, p. 187. (N. T.)

Toda a forma de movimento da indústria moderna deriva, portanto, da transformação constante de uma parte da população trabalhadora em mão de obra desempregada ou semiempregada. [...] Tão logo iniciam esse movimento de expansão e contração alternadas, ocorre com a produção exatamente o mesmo que com os corpos celestes, os quais, uma vez lançados em determinado movimento, repetem-no sempre. Os efeitos, por sua vez convertem-se em causas, e as variações de todo o processo, que reproduz continuamente suas próprias condições, assumem a forma da periodicidade.*

"É somente dessa época", em que o mercado se globaliza e as nações industrializadas se tornam numerosas, "que datam aqueles ciclos sempre recorrentes, cujas fases sucessivas se estendem por anos e que desembocam sempre numa crise geral, marcando o fim de um ciclo e o ponto de partida de outro"**. O conceito de crise associa-se ao dos ciclos econômicos característicos da economia capitalista[4].

No Livro II, sobre o "processo de circulação", Marx aponta as estações do calvário da mercadoria em seu processo de circulação. Introduz novas determinações, principalmente as de capital fixo e capital circulante e seu ritmo desigual de renovação. Também observa as consequências da descontinuidade entre produção e circulação. Submetida às exigências de uma acumulação guiada pela procura insaciável de lucro, a produção em massa pode continuar sem que as mercadorias produzidas no ciclo anterior tenham sido efetivamente escoadas pelo consumo individual ou produtivo. Portanto, o fechamento do ciclo das metamorfoses do capital não está assegurado. Se fracassar, "uma remessa de mercadoria sucederá a outra", enquanto as precedentes só aparentemente terão sido absorvidas pelo consumo. Produz-se então "uma baixa". "Compra e venda paralisam-se reciprocamente". Desse modo:

---

* Ibidem, p. 708-9. (N. T.)
** Idem. (N. T.)
[4] A crise de 1857 é a ocasião de uma tomada de consciência sobre a periodicidade das crises. Em 1862, Clément Juglar publica seu livro *Des crises commerciales et de leur retour périodique en France, en Angleterre et aux États-Unis*, do qual vem a noção de ciclo de Juglar para designar a periodicidade aproximadamente decenal do ciclo industrial. Em sua correspondência com Engels, Marx tenta associar essa periodicidade ao ritmo de renovação do capital fixo. A teoria dos ciclos (ou ondas) longos, atribuída a Kondratiev, é bem posterior. Ver, sobre esse assunto, Ernest Mandel, *Long Waves of Capitalist Development* (Nova York/Cambridge, Cambridge University Press, 1980), e Pierre Dockès e Bernard Rosier, *Rythmes économiques: crises et changement social, une perspective historique* (Paris, La Découverte/Maspero, 1983).

A totalidade do processo de produção encontra-se no estado mais florescente, enquanto uma grande parte das mercadorias ainda não entrou senão aparentemente no consumo e permanece nas mãos dos revendedores sem encontrar comprador, ou seja, encontram-se ainda no mercado.*

No Livro III, sobre o "processo de reprodução", Marx mostra, enfim, como a cristalização do capital em diversos capitais – industrial, comercial, bancário – consegue mascarar a desproporção crescente entre a reprodução ampliada e a demanda final restante. A eclosão da crise pode, assim, ser adiada principalmente graças à intervenção dos capitalistas financeiros, que transformam seu lucro em capital-dinheiro de empréstimo:

> Conclui-se então que a acumulação desse capital, diferente da acumulação real, qualquer que seja o rebento, aparece se não considerarmos senão os capitalistas financeiros, banqueiros etc., mas também a acumulação própria desses capitalistas financeiros".[5]

Entretanto, a crise não pode ser postergada indefinidamente. A expansão do crédito pode adiá-la, como aconteceu nos anos 1990, em que a desregulação financeira pôde dar a ilusão de uma "volta do crescimento". Mas o capital não pode prosperar indefinidamente a crédito. A baixa nas vendas, ou a falência por causa de créditos insolventes acumulados, sinaliza o salve-se quem puder geral. Quando afinal se percebe que a primeira remessa de mercadorias foi absorvida só na aparência pelo consumo (ou graças a um crédito aventureiro), é a derrocada:

> Os capitais mercantis disputam o lugar no mercado. Para vender, os últimos a chegar vendem abaixo do preço, enquanto os primeiros estoques não são liquidados dentro dos prazos de pagamento. Os detentores são obrigados a declarar-se insolventes, ou a vender a qualquer preço para poderem pagar. Esta venda não corresponde em nada ao estado da procura, ela corresponde apenas à procura de pagamento, à necessidade absoluta de converter a mercadoria em dinheiro. A crise rebenta.[6]

É exatamente o que acontece desde o início da crise de 2008. Veem-se concessionárias oferecerem dois carros pelo preço de um, corretores imobiliários darem um carro de brinde na compra de um imóvel, liquidações gigantescas começarem com descontos de 70% ou até 90% sobre o preço inicial!

---

* Karl Marx, *O capital*, Livro II, cap. 2. (N. T.)
[5] Idem, *O capital*, Livro III, cap. 31.
[6] Idem, *O capital*, Livro II, cap. 1.

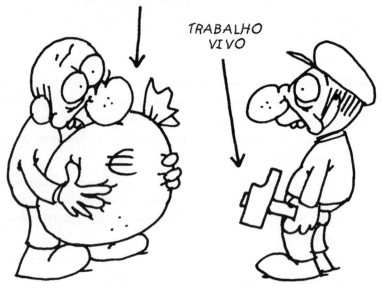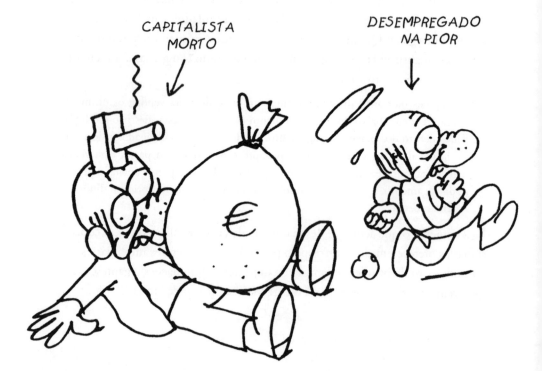

A primeira determinação da crise consiste, pois, na disjunção entre a esfera da produção e a da circulação. A segunda, na disjunção entre o ritmo de rotação do capital fixo e o do capital circulante. O Livro III introduz uma outra, que pressupõe e integra as duas precedentes: a "lei da queda tendencial da taxa de lucro". No capítulo que lhe é consagrado, recapitulam-se os "três fatos principais da produção capitalista": a concentração dos meios de produção em poucas mãos, a organização do trabalho social e sua divisão como trabalho cooperativo e a constituição do mercado mundial.

> No que respeita à população, a enorme força produtiva que se desenvolve no quadro do modo de produção capitalista, e o aumento dos valores-capital, que crescem bem mais depressa do que a população, entram em contradição com a base do lucro sobre a qual se exerce esta enorme força produtiva – e que, relativamente ao aumento da riqueza, se ameniza cada vez mais –, e com as condições de valorização deste capital que cresce sem cessar. Daí as crises.*

Com efeito, daí as crises.

Por detrás da aparência econômica da "lei da queda tendencial" e de suas "contradições internas", exprime-se, na realidade, o conjunto de barreiras sociais contra as quais se choca a acumulação do capital. Essa estranha lei, cujas "contradições internas" Marx expõe já no capítulo seguinte, suscitou muitas controvérsias. De fato, ela só parece se impor por suas próprias negações: aumento da taxa de exploração (relação entre o tempo de trabalho fornecido gratuitamente ao empregador e o tempo de trabalho pago), que visa a recuperar o lucro; predação imperialista, que permite reduzir a "composição orgânica do capital" (relação entre a parte do capital destinada à compra de instalações, maquinário etc. e aquela reservada ao pagamento de salários), por meio da exploração de uma força de trabalho barata e da redução do custo das matérias-primas; aceleração da rotação do capital, com o auxílio da publicidade, do crédito e do gerenciamento de estoques para compensar a diminuição da taxa de lucro pelo aumento de sua massa; intervenção pública do Estado, mediante despesas públicas, isenções fiscais e, sobretudo, despesas em armamento.

Bem estranha essa lei que contradiz e contraria a si mesma. Por trás de sua aparência estritamente econômica exprimem-se as barreiras sociais contra as quais se choca a lógica íntima do capital:

---

* Idem, *O capital*, Livro III, cap. 13. (N. T.)

A depreciação periódica do capital existente, meio imanente do modo capitalista de produção para deter a queda da taxa de lucro e acelerar a acumulação do valor-capital pela formação de capital novo, perturba as condições dadas em que se efetua o processo de circulação e reprodução do capital e, assim, é acompanhada de paradas súbitas e crises do processo de produção.*

Quando a taxa de lucro (relação entre o mais-valor e o total do capital investido) cai, o volume de capital a ser investido pelo capitalista aumenta. Segue-se uma concentração de capitais que acarreta uma nova queda da taxa de lucro, na medida em que se traduz por uma acumulação acrescida de capital constante. Ameaçados de asfixia, os pequenos capitais dispersos são levados a "enveredar pela via da aventura".

Equação da queda tendencial

$$\frac{m}{c+v} = \frac{\frac{m}{v}}{\frac{c}{v}+1}, \text{ com: } \frac{m}{v} = \text{taxa de exploração}$$

$$\text{e: } \frac{c}{v} = \text{composição orgânica do capital}$$

m = taxa de mais-valor, c = trabalho morto, v = trabalho vivo (N. T.)

Quanto mais o trabalho morto c se acumula em detrimento do trabalho vivo v (mais a "composição orgânica" do capital c/v aumenta), mais a taxa de lucro $m/c + v$ tende a baixar.

Não é uma lei mecânica ou física, mas uma "lei social" (se é que a palavra "lei" é de fato adequada). Sua aplicação depende de múltiplas variáveis, de lutas incertas, de relações de forças sociais e políticas. Ela não para, portanto, de contrariar a si mesma e suscitar contratendências:

- o aumento da taxa de exploração $\frac{m}{v}$ tende a restabelecer a taxa de lucro $\frac{m}{c+v}$ seja pelo prolongamento da jornada de trabalho, seja pelo aumento da sua produtividade, seja pela compressão dos salários abaixo das taxas de inflação, seja ainda pela amputação do salário indireto (proteção social);

- os mecanismos de dominação imperialista contribuem para baixar a composição orgânica do capital $\frac{c}{v}$ mediante a utilização de trabalho barato

---

* Ibidem, cap. 15. (N. T.)

e a redução do custo de uma parte do capital constante, pela pilhagem de matérias-primas;
- a aceleração da rotação do capital compensa a queda da taxa de lucro pelo aumento de sua massa;
- a intervenção econômica do Estado sustenta a economia por intermédio de despesas públicas, despesas de armamento, isenções fiscais e "socialização das perdas".

O aumento da taxa de mais-valor ($\frac{m}{v}$) pode, então, antagonizar com a "queda tendencial" de diversas maneiras, a saber:
- intensificação do trabalho (aumento do mais-valor relativo);
- alongamento de sua duração (aumento do mais-valor absoluto);
- redução do capital variável pela diminuição de salários diretos ou indiretos;
- redução do capital constante pela diminuição do custo de matérias-primas, produção em fluxo tenso, estoque zero...

Além disso, a queda efetiva da taxa de lucro não acarreta automaticamente uma redução de sua massa. Se o ritmo de rotação do capital acelerar, a segunda pode continuar a aumentar mesmo que a primeira caia. Se completar seu ciclo quatro vezes por ano em lugar de uma só, a massa será multiplicada por dois mesmo que a taxa diminua pela metade. Facilidade de crédito, *marketing*, publicidade, gestão do grande consumo, obsolescência planejada e falsa novidade da moda contribuem exatamente para acelerar essa rotação e dar o sentimento de uma aceleração da história.

A extensão geográfica do domínio da produção mercantil também retarda os prazos da crise. A duplicação em vinte anos da força de trabalho disponível no mercado mundial significa um aumento tanto do capital variável quanto do grau de exploração, em razão da vulnerabilidade social dessa mão de obra, frequentemente desprovida de direitos trabalhistas e proteção social.

Esse contra-ataque do capital à erosão tendencial de sua taxa de lucro é o recurso oculto do que o senso comum denomina globalização. Assim, as crises não constituem limites absolutos à produção e ao consumo de riquezas sociais, mas contradições relativas a um modo de produção específico "correspondendo a uma certa época de desenvolvimento restrito das condições materiais de produção". Não se produz um excesso de bens de consumo em relação às necessidades da população, nem um excesso de meios de produção em relação à população em condições de trabalhar, "mas produz-se periodicamente um excesso de riqueza, sob formas capitalistas contraditórias". No Livro III de *O capital*, a separação da compra e da venda, que representa a condição geral formal das crises, traduz-se concretamente quando a capacidade de consumo solvente entra em contradição com a busca do lucro máximo. Marx nunca fala de uma "crise final". Ele demonstra apenas como "a produção capitalista tende incessantemente a ultrapassar suas barreiras imanentes". As crises são inevitáveis, mas superáveis. A questão é saber a que preço, às custas de quem. A resposta não pertence mais à crítica de economia política, mas à luta de classes e a seus atores políticos.

Crises de ontem e de hoje

Muitas coisas mudaram desde a época de Marx: técnicas de produção, fontes de energia, organização do trabalho, grande distribuição, formas de crédito, globalização do mercado. No entanto, a lógica da crise que ele analisou está no cenário da crise atual. Ela não explode no comércio varejista, mas "no comércio atacadista e nos bancos". Começa na esfera financeira pela "insolvência que interrompe bruscamente a aparente prosperidade", para depois atingir o que a vulgata jornalística chama de "economia real". O capital comercial e bancário que inicialmente contribuiu para mascarar a crescente desproporção entre produção e consumo torna-se o elo mais fraco:

> Apesar do caráter autônomo que possui, o movimento do capital mercantil nada mais é que o movimento do capital industrial na esfera da circulação. Mas, em virtude dessa autonomia, o capital mercantil move-se até certo ponto sem depender dos limites do processo de reprodução e por isso leva este a transpor os próprios limites. A dependência interna e a autonomia externa fazem o capital mercantil chegar a um ponto em que surge uma crise para restaurar a coesão interior.[7]

Nos anos 1970, a taxa de lucro estava corroída pelos ganhos sociais obtidos no período de crescimento do pós-guerra. A contrarreforma liberal, iniciada por Margaret Thatcher e Ronald Reagan, visava a destruir esses ganhos (indexação relativa dos salários aos ganhos de produtividade, sistemas de proteção social, taxa de desemprego moderada) para impor o que Frédéric Lordon chamou de "capitalismo com baixa pressão salarial". Visava sobretudo a modificar a divisão do valor agregado em detrimento dos salários, a aumentar a produtividade pela diminuição do custo do trabalho, a reduzir a proteção social, a melhorar a política fiscal vigente para empresas e altos salários.

---

[7] Ibidem, cap. 18.

Entre 1980 e 2006, a parte dos salários no valor agregado das empresas efetivamente diminuiu de 67% para 57% nos quinze países mais ricos da Organização para a Cooperação e Desenvolvimento Econômico (OCDE). Disso decorreu uma redução relativa da demanda solvente, compensada por um incremento de crédito e de despesas militares, além do crescimento espetacular da desigualdade de rendimentos. O "salário" dos nababos e de outros paraquedas dourados são a demonstração mais ostensiva. Por mais chocante que possa parecer, essa desigualdade também é funcional: estimula o consumismo de luxo de uma casta que compensa em parte a restrição do consumo de massa, entretanto sem poder substituí-lo. A redução relativa das transações, consequência da ruptura do "círculo virtuoso" que liga a evolução dos salários aos ganhos de produtividade, traduziu-se por uma desaceleração dos investimentos produtivos, ao mesmo tempo que o capital disponível acumulado, em busca de ganho rápido e fácil, inflou a bolha dos investimentos financeiros. Comparado a um coeficiente 20 em 1960, o lucro das sociedades financeiras atinge 160 em 2006. Entusiasmados, os bancos chegaram a emprestar quarenta vezes mais do que seus fundos próprios poderiam garantir.

Nos anos 2000, nos Estados Unidos (mas também em países como a Espanha), o crescimento foi sustentado por um *boom* imobiliário, estimulado pelo crédito a uma clientela pouco ou nada solvente. Durante o verão de 2007, esses créditos com juros inicialmente baixos mas variáveis, sem tributos nem garantias, exceto uma hipoteca sobre o bem comprado, atingiram a massa crítica de 1,3 trilhão de dólares nos Estados Unidos. Entre 1975 e 2006, o índice de endividamento das famílias dobrou e atingiu 127% da renda disponível. Em tal patamar, os credores não são apenas incompetentes ou irresponsáveis, mas escroques e criminosos que encorajam deliberadamente o endividamento de pobres inadimplentes, na tentativa de encobrir dívidas duvidosas e apagar seus traços na opacidade da securitização. No fim da estrada, há milhões de famílias sem-teto.

Concedamos generosamente o benefício da dúvida. Suponhamos que não tenham sido meramente cínicos, mas ofuscados pelos sortilégios do fetichismo monetário, e que tenham acreditado no inacreditável, no milagre do dinheiro que se autoengendra sem passar pela fecundação da produção. A hipótese é plausível, pois Jean-Claude Trichet* em pessoa se deslumbrava no *Financial Times* de 29 de janeiro de 2007: "Existe atualmente tanta criatividade em

---

*   Alto funcionário francês, ex-presidente do Banco Central europeu. (N. T.)

matéria de novos instrumentos financeiros sofisticados que não sabemos mais onde estão os riscos". Caríssima criatividade! O guru dos anos loucos, Alan Greenspan, submetido a um duro interrogatório por uma comissão da Câmara dos Representantes dos Estados Unidos, confessou, com ar contrito, ter pensado que o egoísmo dos banqueiros seria um regulador suficiente: "Cometi um erro ao presumir que o interesse pessoal fosse tamanho que se empenhariam em proteger os acionistas". E o oráculo deposto concluiu: "É um pilar essencial da economia de mercado que acaba de ruir. Estou pasmo, ainda não entendi como isso pôde acontecer"[8]. Se é o que ele diz...

"Em forte contradição com esse refinamento [...], a especulação inglesa voltou para sua forma mais primitiva de fraude", escreveu Marx em 26 de setembro de 1856. Na Grande Exposição de Londres, a construção do Crystal Palace contemplou, com efeito, a circulação de 4 mil falsas ações. A especulação liberal das últimas décadas conduziu a "pura escroqueria" a píncaros jamais galgados. O escândalo Madoff é apenas o mais visível. Ao exigir retorno sobre investimento na faixa de 15% ou mais, para um crescimento em média três vezes inferior, subjugados pelo "fetiche capitalista" do "valor criador de valor" e pelo mistério do "dividendo cuja fonte é o próprio capital", os acionistas foram tão cegos quanto os banqueiros. Entretanto, o prodígio era mais assombroso do que a multiplicação bíblica dos pães. A cavalgada desse crescimento a crédito não poderia durar indefinidamente. Estouro da bolha financeira, queda das Bolsas, restrição ao crédito: o estrondo põe brutalmente fim à alucinação. Ao chamar o virtual à ordem, o real confirma o aviso de Marx: "o movimento do capital financeiro nada mais é do que o movimento do capital industrial na esfera da circulação".

Contrariamente à fórmula de que a crise financeira se propagaria e contaminaria a indevidamente chamada "economia real" (como se a esfera financeira fosse irreal!), ela revela principalmente uma crise latente de sobreprodução, há muito (excessivamente) adiada pelo incentivo ao crédito e que irrompe agora à luz do dia nos setores da construção e automobilístico. Os vendedores, apavorados com a possibilidade de ficar com a mercadoria parada, reduzem preços, liquidam, vendem abaixo do custo. Mas isso não basta. Antes vilipendiado, o Estado é chamado ao socorro, como última garantia e derradeiro recurso. O mito liberal de uma regulação mercantil pura e de uma expansão ilimitada da esfera financeira desaba, em conjunto com seu coro-

---

[8] *Le Monde*, 25 out. 2008.

lário, a utopia de uma "empresa sem indústria", propagada outrora pelo presidente da Alcatel, Serge Tchuruk. Ele sonhava com firmas que subcontratassem ou terceirizassem todas as atividades de produção, para conservarem apenas as atividades financeiras. Nessa "nova economia" virtual, o capital manteria a ilusão de prosperar sem intervenção do trabalho[9]. Mas a realidade vingou-se. O sonho absurdo do capital sem trabalho, do "enriquecimento sem causa" e da globalização beatificada (cara a Alain Minc) "despedaçou-se", confessou Nicolas Sarkozy em seu discurso de 25 de setembro de 2008, em Toulon. Virou, inclusive, um pesadelo.

No momento de pagar a conta do desastre financeiro, as responsabilidades esvaem-se no anonimato do "se" misterioso, de um *social killer* tão anônimo quanto as sociedades de mesmo nome: "esconderam-*se* riscos cada vez maiores...; fingia-*se* acreditar que a gestão global de riscos os anulasse...; permitiu-*se* aos bancos especularem no mercado, em vez de cumprirem sua função...; financiaram-*se* especuladores em vez de empreendedores...; deixaram-*se* agências de classificação de risco e fundos especulativos sem nenhum controle...; submeteram-*se* os bancos a normas contábeis sem qualquer garantia de gestão de riscos...", invectivou Nicolas Sarkozy. E seu primeiro-ministro repetiu como um eco: "O mundo está à beira do abismo por culpa de um sistema irresponsável" (François Fillon, 3 de outubro de 2008). Como se os partidos políticos, de direita e de esquerda, não tivessem despendido muita força e resolução, durante um quarto de século, para largar as rédeas desse capitalismo financeiro, que não é uma forma velada de capitalismo, mas sua própria essência. "Todos querem a concorrência sem as consequências funestas da concorrência. Todos querem o impossível, quer dizer, as condições de vida burguesa sem as consequências necessárias dessas condições...", escreveu Marx a seu correspondente Annenkov.

A crise é, dessa forma, "o estabelecimento pela força da unidade entre momentos (produção e consumo) levados à autonomia", mas que são "essencialmente um só". Essa violência é, antes de tudo, a violência social das famílias jogadas na rua pelo não pagamento de dívidas, das demissões em massa, do fechamento de empresas e deslocalizações, das filas diante dos restaurantes populares, dos sem-teto que morrem de frio, das míseras economias em detri-

---

[9] Ver Jean-Marie Harribey, "L'entreprise sans usines ou la captation de la valeur", *Le Monde*, 3 jul. 2001; *La démence sénile du capital: fragments d'économie critique* (Bègles, Éditions du Passant, 2002).

mento da saúde. É também a criminalização da resistência social, o aumento do poder do Estado penal em proporção inversa ao do Estado social, a instauração de um estado de exceção irrestrito sob pretexto de antiterrorismo. É, enfim, a guerra pelo acesso aos recursos energéticos, pela segurança das vias de abastecimento de gás e petróleo, por uma nova distribuição de territórios e zonas de influência.

A crise atual, a crise do presente, não é uma crise a mais que se acrescentaria à dos mercados asiáticos ou à da bolha da internet. É uma crise histórica – econômica, social, ecológica – da lei do valor. A medida de tudo pelo tempo de trabalho abstrato tornou-se, como Marx anunciara em seus manuscritos de 1857, uma medida "miserável" das relações sociais. Além da crise de confiança evocada pela vulgata jornalística, a fé no todo-poderoso mercado foi mortalmente abalada. Quando se deixa de acreditar no inacreditável, agrega-se à crise social uma crise de legitimidade ideológica e moral, que acaba por atingir a ordem política: "Um estado político em que alguns indivíduos ganham milhões enquanto outros morrem de fome poderá subsistir se a religião não estiver mais lá, com suas esperanças fora deste mundo, para explicar o sacrifício?", perguntava Chateaubriand às vésperas das revoluções de 1848. Ele mesmo respondeu profeticamente:

> Tente persuadir o pobre quando ele souber ler e não tiver mais crença, quando ele possuir a mesma instrução que você. Tente persuadi-lo de que deve se submeter a todas as privações enquanto seu vizinho possui mil vezes o supérfluo: como último recurso, terá de matá-lo.

Sob a luz ofuscante da crise, milhões de oprimidos terão de aprender a ler.

Bibliografia selecionada

BRENNER, Robert. *The Economics of Global Turbulence*. Londres/Nova York, Verso, 2006.

CHESNAIS, François. *La mondialisation du capital*. Paris, Syros, 1997 [ed. bras.: *A mundialização do capital*. São Paulo, Xamã, 1996].

DOCKÈS, Pierre; ROSIER, Bernard. *Rythmes économiques*: crises et changement social, une perspective historique. Paris, La Découverte/Maspero, 1983.

DUMÉNIL, Gérard. *Le concept de loi économique dans* Le Capital. Paris, Maspero, 1978.

FARJOUN, Emmanuel; MACHOVER, Moshe. *Laws of chaos*. Londres, NLB, 1983.

GROSSMAN, Henryk. *Das Akkumulations und Zusammenbruchsgesetz des Kapitalistischen Systems*. Leipzig, Hirschfield, 1929.

HARRIBEY, Jean-Marie. *La démence sénile du capital*: fragments d'économie critique. Bègles, Éditions du Passant, 2002.

HUSSON, Michel. *Un pur capitalisme*. Lausanne, Page Deux, 2008.

JOSHUA, Isaac. *La crise de 1929 et l'émergence américaine*. Paris, PUF, 1999.

_____. *La grande crise du XXIe siècle*: une analyse marxiste. Paris, La Découverte, 2009.

KONDRATIEV, Nikolai. *Les grands cycles de la conjoncture*. Paris, Economica, 1992.

LOUÇÃ, Francisco. *Turbulence in Economics*: an Evolutionary Appraisal of Cycles and Complexity in Historical Processes. Cheltenham, Edward Elgar, 1997.

MANDEL, Ernest. *La crise*. Paris, Flammarion, 1982.

_____. *Long Waves of Capitalist Development*. Cambridge/Nova York, Cambridge University Press, 1980.

10

POR QUE MARX NÃO É NEM UM ANJO VERDE, NEM UM DEMÔNIO PRODUTIVISTA

Em 1866, um ano antes da primeira edição alemã de *O capital*, o biólogo alemão Ernst Haeckel, vulgarizador de Darwin e entusiasta de neologismos, teria sido o primeiro a empregar a palavra "ecologia", usando-a por três vezes em *Generelle Morphologie der Organismen* [Morfologia geral dos organismos]. Haeckel define assim as relações entre os organismos, entre a economia humana e a natureza: "Por ecologia, entendemos a ciência das relações dos organismos com o mundo exterior, em que podemos reconhecer de maneira ampla os fatores de luta pela existência".

As ilusões do progresso

Marx não é um anjo verde, um pioneiro da ecologia que desconhece a si mesmo. No entanto, embora compartilhe frequentemente o entusiasmo produtivista de seu tempo, não adere sem reservas às "ilusões do progresso", denunciadas alguns anos depois por Georges Sorel. Enquanto a ambivalência do progresso for determinada por um modo de produção baseado na exploração, o progresso técnico e o progresso social não virão necessariamente juntos. Pelo contrário, escreve ele no Livro I de *O capital*:

> Todo progresso da agricultura capitalista é um progresso na arte de saquear não só o trabalhador, mas também o solo, pois cada progresso alcançado no aumento da fertilidade do solo por certo período é ao mesmo tempo um progresso no esgotamento das fontes duradouras dessa fertilidade.*

Porque:

> A produtividade do trabalho também está ligada a condições naturais, que frequentemente se tornam menos férteis na mesma proporção em que a produtividade – à medida que ela depende de condições sociais – aumenta. Daí o movimento antitético nessas diferentes esferas, progresso ali, retrocesso acolá. Considere-se o

---

* Karl Marx, *O capital*, Livro I (trad. Rubens Enderle, São Paulo, Boitempo, 2013), p. 573. (N. T.)

efeito das estações, por exemplo, sobre a produção de matérias-primas, o esgotamento dos bosques, das minas de carvão e do ferro etc.[1]

A silvicultura fornece um bom exemplo da discordância entre o tempo econômico de rotação do capital e o tempo ecológico de renovação natural: "A longa duração do tempo de produção e a consequente duração dos períodos de rotação tornam a silvicultura pouco propícia à exploração capitalista essencialmente privada".

Consciente dos tormentos da colonização e das mutilações do trabalho, Marx só imagina o progresso autêntico para além do capitalismo:

> Quando uma grande revolução social tiver controlado os resultados da época burguesa, o mercado mundial e as forças modernas de produção, e os tiver submetido ao controle dos povos mais avançados, somente então o progresso humano cessará de parecer com esse horrível ídolo pagão que apenas quer beber o néctar no crânio de suas vítimas.[2]

Um horrível ídolo pagão sedento de sangue! A denúncia dos mitos do progresso é clara e franca. E, à espera da grande revolução social:

> todos os progressos da civilização ou, em outras palavras, todo aumento das *forças produtivas sociais* [...] não enriquecem o trabalhador, mas o *capital*; em consequência, só ampliam o poder que domina o trabalho; só multiplicam a força produtiva do capital. Como o capital é a antítese do trabalhador, tais progressos aumentam unicamente o *poder objetivo* sobre o trabalho.[3]

Sob o reinado do capital, o progresso obtido consiste, em suma, em "mudança de forma [da] subjugação"[4].

O homem e a natureza

Mesmo sem ser sistematizadas, as intuições ecológicas que entremeiam os manuscritos de 1857-1858 e os rascunhos de *O capital* são um fundamento sólido da formação do pensamento antropológico de Marx e da herança da filosofia alemã da natureza. Para ele, as relações de produção são indissociáveis das relações mediadas pelo trabalho, os homens com a natureza e os homens entre si. Como "ser natural *humano*", o homem é "imediatamente ser da natureza", um ser vivo antropologicamente determinado, "munido de *forças natu-*

---

[1] Idem, *O capital*, Livro III, cap, 13.
[2] Idem, *New York Daily Tribune*, 8 ago. 1853.
[3] Idem, *Grundrisse* (trad. Mario Duayer e Nélio Schneider, São Paulo, Boitempo, 2011), p. 241.
[4] Idem, *O capital*, Livro I, cit., p. 787.

rais, de *forças vitais*". Ser natural, "corpóreo, sensível, [...] *dependente e limitado*, assim como o animal e a planta"[5]. Naturalismo consequente e humanismo consequente perfazem um todo. Esses limites e essa dependência naturais evidentemente têm sérias consequências ecológicas, mesmo que a palavra ainda seja desconhecida. Resistem, com efeito, à tentação prometeica de subjugação da natureza e amenizam o entusiasmo do jovem Marx, em sua tese de doutorado, pelo herói grego que ousou desafiar os deuses.

O ser humano é, antes de tudo, um ser natural, fadado à necessidade e à finitude. Mas o que foi rebaixado deve ser reerguido: é também um ser histórico, porque a natureza não existe, nem objetiva nem subjetivamente, de "maneira adequada ao ser humano". Logo, ele desenvolve historicamente suas necessidades e capacidades. É por isso que a história é a "verdadeira história natural do homem"*.

A "apropriação universal da natureza" desenvolve-se no capitalismo no quadro de um modo de produção específico. Ela se torna então um

> puro objeto para o homem, pura coisa da utilidade; deixa de ser reconhecida como poder em si; e o próprio conhecimento teórico de suas leis autônomas aparece unicamente como ardil para submetê-la às necessidades humanas, seja como objeto de consumo, seja como meio da produção.[6]

Ainda que desagrade aos românticos nostálgicos e às utopias naturalistas, a natureza, reduzida a uma pura questão de utilidade, é assim desmitificada e dessacralizada. Mas a determinação natural (antropológica) da sociedade humana não se desfaz no devir histórico. Porque, ao contrário do que pretendem os autores do Programa de Gotha: "O trabalho *não é a fonte* de toda riqueza. A *natureza* é a fonte dos valores de uso [...], tanto quanto o é o trabalho, que é apenas a exteriorização de uma força natural, da força de trabalho humana"**.

A natureza permanece irredutível a uma categoria social pura. Testemunha do "tormento da matéria", "mediação necessária", agente do "metabolismo entre homem e natureza", o trabalho é um conversor de energia. Inicialmente inspirada pela filosofia alemã da natureza, entendida como totalidade orgânica,

---

[5] Idem, *Manuscritos econômico-filosóficos* (trad. Jesus Ranieri, São Paulo, Boitempo, 2004), p. 127.
* Ibidem, p. 128. (N. E.)
[6] Idem, *Grundrisse*, cit., p. 334.
** Idem, "Glosas marginais ao programa do Partido Operário Alemão", em *Crítica do Programa de Gotha* (trad. Rubens Enderle, São Paulo, Boitempo, 2012), p. 23. (N. T.)

e ulteriormente sustentada por trabalhos de biólogos como Jacob Moleschott, a noção crucial de "troca orgânica" ou de "metabolismo" (*Stoffwechsel*) já aparece nos manuscritos parisienses de 1844.

Nos manuscritos de 1857-1858 surge um esboço de crítica do que se chamaria hoje de produtivismo, com a noção de fuga para a frente da produção pela produção e de um desenvolvimento do consumo que não é mais função de novas necessidades sociais, mas de uma lógica autômata do mercado. A produção dominada pela busca do lucro máximo, e não pela satisfação de necessidades, conduz a um "círculo sempre ampliado de circulação". A tendência à criação de um mercado mundial é, assim, "imediatamente dada no próprio conceito do capital". Porém, a "produção do mais-valor baseada no crescimento e no desenvolvimento das forças produtivas" exige também a "produção de novo consumo". Exige que:

> o círculo de consumo no interior da circulação se amplie tanto quanto antes se ampliou o círculo produtivo. Primeiro, ampliação quantitativa do consumo existente; segundo, criação de novas necessidades pela propagação das existentes em um círculo mais amplo; *terceiro*, produção de *novas* necessidades e descoberta e criação de novos valores de uso. [...] Daí a exploração de toda a natureza para descobrir novas propriedades úteis das coisas; troca universal dos produtos de todos os climas e países estrangeiros [...]. A exploração completa da Terra [...].*

Em uma época em que o enorme "acúmulo de mercadoria" está bem longe da dimensão de nossos *shopping centers* e outros hipermercados, Marx, em antecipação aos críticos da sociedade de consumo, compreende que a lógica do lucro e da produção pela produção gera inevitavelmente um consumo quantitativamente ampliado, que diverge do desenvolvimento das necessidades humanas. A busca legítima de "novas qualidades úteis das coisas" ocorre sob forma de exploração – a palavra é cuidadosamente escolhida – desenfreada da terra, como se fosse uma oferta grátis a apetites desmedidos e passível de trabalho sem fim.

Apoiado em uma pesquisa teórica de grande fôlego, o discurso de Marx no aniversário do *People's Paper*, em 1856, não é uma incursão fortuita na preocupação que seria hoje chamada de ecologista:

> Hoje, tudo parece carregar em si a própria contradição. Máquinas dotadas da capacidade maravilhosa de encurtar e tornar mais fecundo o trabalho humano provocam a fome e a fadiga do trabalhador. As fontes de riqueza recém-descobertas transformam-se por estranho malefício em fontes de privação. Os triunfos da arte

---

* Idem, *Grundrisse*, cit., p. 332-3. (N. T.)

parecem obtidos às custas de qualidades morais. Ao mesmo tempo que o domínio da natureza se torna cada vez maior, o homem se transforma em escravo de outros homens e de sua própria infâmia. Mesmo a límpida luz da ciência não pode brilhar sobre o fundo tenebroso da ignorância. Todas as nossas invenções e progressos parecem dotar as forças materiais de vida intelectual, ao mesmo tempo que reduzem a vida humana a uma força material bruta.*

No processo do produtivismo, alguns consentiriam em inocentar Marx, pelo benefício da dúvida. Mas seria para colocar a culpa em Engels, fortemente suspeito de cientificismo por causa de seu *Anti-Dühring*. Entretanto, seu discurso sobre o tema não é menos radical do que o de seu copensador:

> Não nos entusiasmemos demais diante de nossas vitórias sobre a natureza. Ela se vinga de todas [...]. Os fatos nos lembram a cada passo que não reinamos sobre a natureza, mas que lhe pertencemos, com nossa carne, nosso sangue, nosso cérebro, estamos em seu âmago, e nosso domínio resume-se à vantagem que temos sobre as outras criaturas, de conhecermos suas leis e podermos usá-las judiciosamente [...]. Quanto mais assim acontecer, mais os homens sentirão, ou melhor, saberão que fazem unidade com a natureza, e mais parecerá impossível a ideia absurda de oposição entre espírito e matéria, homem e natureza, alma e corpo.[7]

Engels está, assim como Marx, perfeitamente consciente das ambivalências do progresso e do massacre das possibilidades, que acarreta uma evolução em sentido único: "Todo progresso na evolução orgânica é ao mesmo tempo um recuo, porque, ao se fixar uma evolução unilateral, exclui-se a possibilidade de evolução em muitas outras direções". Ele chega mesmo a entrever a oposição entre uma preocupação com o tempo longo (o desenvolvimento durável) e as decisões míopes dos mercados: "em relação à natureza, e também à sociedade, considera-se somente, no modo de produção atual, o resultado mais próximo e mais tangível", em detrimento do futuro e do longínquo[8].

O capital sem limites

Mesmo que levem em conta o caráter dependente e limitado da espécie humana, Marx e Engels não parecem dispostos a tirar todas as consequências dos "limites naturais". Essa reticência talvez esteja ligada à polêmica com Mal-

---

* Idem, "Discours à l'occasion de l'anniversaire du *People's Paper*", 14 abr. 1856. (N. T.)
[7] Friedrich Engels, *Le rôle du travail dans la transformation du singe en homme* (Besançon, Cardinal, 2003).
[8] Idem, *Dialectique de la nature* (Paris, Éditions Sociales, s.d.), p. 182-3 e 316 [ed. bras.: *A dialética da natureza*, Rio de Janeiro, Paz e Terra, 1985].

thus e ao temor de que as leis da termodinâmica (especialmente a descoberta da entropia) favoreçam o renascimento de uma teologia apocalíptica.

O caso Podolinsky ilustra a complexidade dessas controvérsias. Em 1882, um médico ucraniano, Sergei Podolinsky, submete-se ao tratamento de uma doença pulmonar em Montpellier. Ele publica em *La Revue Socialiste* [A Revista Socialista] um artigo intitulado "O socialismo e a unidade das forças físicas". Nesse artigo, interroga-se sobre o modo de acúmulo da energia derivada do trabalho humano. Escreve a Marx, em 8 de abril de 1880, para apresentar sua "tentativa de harmonizar o sobretrabalho e as teorias físicas atuais": "A humanidade é uma máquina que não apenas transforma calor e outras forças físicas em trabalho, mas também consegue realizar o ciclo inverso, quer dizer, transformar trabalho em calor e outras forças físicas necessárias à satisfação de nossas necessidades; de modo que ela é, por assim dizer, capaz de aquecer a própria caldeira por seu trabalho convertido em calor". Podolinsky ruma talvez para uma teoria do desempenho energético.

Doente, Marx tem poucos meses de vida. Consulta seu "conselheiro científico". Engels reconhece a importância do trabalho de Podolinsky, mas refuta suas conclusões. Responde a Marx em dezembro de 1882:

> Como vejo a história de Podolinsky: sua real descoberta é que o trabalho humano pode reter e prolongar a ação do sol na superfície da terra, mais do que duraria sem o trabalho humano. Todas as consequências econômicas que ele deriva daí são falsas. A partir de sua importante descoberta, ele seguiu um caminho errado, porque quis encontrar uma nova prova científica da legitimidade do socialismo e, dessa forma, misturou física e economia.

Embora reconheça a importância da descoberta, Engels exprime uma dupla reserva. Uma objeção científica: nada se perde e, se ainda se ignora para onde foi a energia dissipada, um belo dia ela será encontrada. Uma objeção epistemológica: a noção de trabalho não é a mesma em física e em economia. Contra a pretensão cientificista de "aplicar à sociedade a teoria das ciências da natureza" ele afirma que não se pode transpor a economia à linguagem da física, e vice-versa.

Entretanto, alguns autores contestam a opinião de que Marx e Engels não teriam se preocupado com os "limites naturais"[9]. Marx efetivamente denunciou sem ambiguidade o hiperconsumo, a "produção pela produção". Primei-

---

[9] Ver Daniel Tanuro, "Marx, Mandel et les limites naturelles", *Contretemps*, 20 set. 2007, p. 113-23.

ramente, o caráter limitado do solo é uma das condições para o aparecimento do capitalismo, porque "se a terra estivesse à disposição de todos, faltaria um fator essencial para a formação do capital". Os conceitos de limite absoluto e de apropriação fundamentam a análise da renda fundiária capitalista: "Se a terra existisse de forma praticamente ilimitada diante da população atualmente existente e do capital", escreve Marx em *Teorias da mais-valia*, "e se, além do mais, essa terra não tivesse sido apropriada e, consequentemente estivesse à disposição de quem quisesse cultivá-la, naturalmente não se pagaria nada pela utilização do solo". Se fosse realmente ilimitada, a "apropriação por alguns não poderia excluir a apropriação por outros". Não poderia "existir propriedade privada do solo e não se poderia pagar renda pela terra"[10].

Preocupa Marx que a agricultura intensiva esgote o solo e o aumento da produtividade social não consiga compensar a diminuição da "produtividade natural", que "também conta". O aporte de capital (em adubo) pode somente retardar a ruptura do ciclo dos alimentos secundária à urbanização capitalista. Cedo ou tarde, o capital acabará com a fertilidade natural, que constitui "um limite, um ponto de partida e uma base". Em *A situação da classe trabalhadora na Inglaterra*, Engels, aos 22 anos, já se inquieta com as consequências da urbanização e do não retorno do esterco ao solo, interrompendo o ciclo dos alimentos!

Mesmo sem tirar todas as consequências, Marx não deixa de criticar claramente a tendência à "ilimitabilidade" quantitativa, inerente à própria lógica do capital. Sua contrapartida é a negação ou o desdém pela utilidade e pela qualidade:

> A única utilidade que um objeto pode ter em geral para o capital só pode ser a de conservá-lo e de aumentá-lo. Já vimos, no dinheiro, como valor automatizado enquanto tal – ou a forma universal da riqueza – não é capaz de nenhum outro movimento que não seja quantitativo, o de se multiplicar. De acordo com seu conceito, ele é a quintessência de todos os valores de uso; mas como sempre é somente um determinado *quantum* de dinheiro (aqui, capital), *seu limite quantitativo está em contradição com sua qualidade. Por essa razão, é de sua natureza ser constantemente impelido para além de seu próprio limite.*[11]

O texto de Marx prossegue com uma evocação comparativa da Roma imperial, onde o valor se tornou autônomo como "riqueza desfrutável" (ou consumo

---

[10] Karl Marx, *Théories sur la plus-value* (Paris, Éditions Sociales, 1976), p. 357.
[11] Idem, *Grundrisse*, cit., p. 209-10.

suntuário), a ponto de aparecer como "dissipação ilimitada, dissipação que procura igualmente elevar a fruição à imaginária ilimitabilidade devorando saladas de pérolas etc."*. Na acumulação do capital, o valor só se conserva porque *"tende continuamente para além de seu limite quantitativo* [...]. *O enriquecimento é, assim, uma finalidade em si"***.

Nos rascunhos do Livro III de *O capital*, Marx escreve:

> A única liberdade possível é que o homem social, os produtores associados, regulem racionalmente as suas trocas com a natureza, que eles a controlem juntos em lugar de serem dominados pela sua potência cega e que eles completem essas trocas despendendo o mínimo de força e nas condições mais dignas, mais conformes com a sua natureza humana.***

A liberdade a que aspira permanece cerceada pelas condições da "natureza humana". Ela deve evitar o desperdício das forças mobilizadas – usar o mínimo! – e criar uma relação de troca racional com a natureza. Falta determinar socialmente, como produtores associados, essa economia racional. Sabendo que a liberdade possível jamais será absoluta, mas sempre limitada pela parte de necessidades inerentes à espécie e à ordem natural. O trabalho em sentido lato é somente um metabolismo que une a reprodução dos seres vivos ao meio ambiente. Se é impossível abolir esse cerceamento sem interromper ao mesmo tempo o ciclo da vida, é possível, por outro lado, reduzi-lo radicalmente. É a condição do desenvolvimento da parte humana do ser natural:

> Esta atividade será sempre o reino da necessidade. Mas para além desse horizonte, inicia-se o desenvolvimento da energia humana que é um fim em si mesmo, o verdadeiro reino da liberdade, que no entanto só pode florescer tendo este domínio de necessidade como sua base. A redução da jornada de trabalho é seu prerrequisito básico.****

Bibliografia selecionada

BURKETT, Paul. *Marxism and Ecological Economics*: Toward a Red and Green Political Economy. Leiden/Boston, Brill, 2006.

DELÉAGE, Jean-Paul. *Histoire de l'écologie*: une science de l'homme et de la nature. Paris, La Découverte, 1991.

---

* Ibidem, p. 210. (N. T.)
** Idem. (N. T.)
*** Idem, *O capital*, Livro III, cap. 48. (N. T.)
**** Idem. (N. T.)

FOSTER, John Bellamy. *Ecology against Capitalism*. Nova York, Monthly Review Press, 2002.

_____. *Marx's Ecology: Materialism and Nature*. Nova York, Monthly Review Press, 2000 [ed. bras.: *A ecologia de Marx*. São Paulo, Civilização Brasileira, 2005].

FREITAG, Michel; ERNST, Patrick. *L'impasse de la globalisation*: une histoire sociologique et philosophique du capitalisme. Montreal, Écosociété, 2008.

SCHMIDT, Alfred. *Le concept de la nature chez Marx*. Paris, PUF, 1982.

SOREL, Georges. *Les illusions du progrès*. Pais, Slatkine, 1981.

VERNADSKY, Vladimir. *La biosphère*. Paris, Félix Alcan, 1926.

11

COMO – E EM QUE – PENSA O DR. MARX

Em que pensa Marx? Em seu inimigo jurado, é óbvio.

E como pensa? Como bom especialista em perfil criminal, invade o disco rígido desse *social killer* para reverter contra ele sua própria lógica e exterminá-lo. Desconcertante tal estratagema para um espírito francês acostumado a perambular pelos jardins geométricos de Le Nôtre. A considerar, desde Descartes, que o homem é "mestre e dono" da natureza. A celebrar, com Auguste Comte, a superioridade do positivo sobre o negativo. A só admitir alternativas simples, o princípio da não contradição, a lógica binária do terceiro excluído. A repetir, com qualquer jornalista ou ministro do Interior, que fatos são fatos, são obstinados e falam por si.

Eis que um indivíduo lhes diz que os fatos nunca falam por si. Que tudo depende do olhar, da luz que os ilumina, do contexto, da perspectiva do todo. Que as aparências não são o reflexo fiel da essência, tampouco um simples véu, porque são o parecer do ser. Que não há o acaso de um lado e a necessidade do outro, separados comportadamente, mas que a necessidade tem seus acasos e o acaso, sua necessidade. Que o produtor também é um consumidor, que o salário, que parece ao capitalista individual um puro custo de produção, também é, para o capital em geral, uma demanda solvente. Que não existe oposição irredutível entre grevista e usuário, porque o usuário de hoje é o grevista de amanhã e vice-versa.

Enfim, é exasperante esse barbudo que, quando tudo parece simples, afirma ser mais complicado. E que, como nos contos da tradição judaica, responde às perguntas com outras perguntas.

Ora é acusado de determinismo: todos os fenômenos sociais e políticos seriam, para ele, o eco ou a consequência de leis econômicas implacáveis. Ora é acusado, ao contrário, de desrespeitar as boas normas da ciência, recusando a prova por refutação – ou, segundo Popper, "falsificação". Não dá para entender sua concepção do conhecimento[1].

---

[1] Ver Daniel Bensaïd, *Marx, o intempestivo* (Rio de Janeiro, Civilização Brasileira, 1999), especialmente a terceira parte, "Marx, crítica do positivismo científico".

Fazer ciência de outro modo

Fascinado pelo sucesso das ciências exatas de seu tempo, provavelmente é influenciado por essa forma de "fazer ciência". No prefácio da primeira edição de *O capital*, que apresenta a forma-mercadoria como a "forma celular" da economia, ele as toma por modelo. Evoca as "leis naturais da produção", cujos antagonismos sociais seriam o efeito mecânico. Espera encontrar "leis naturais que governam o próprio movimento da sociedade" e que "atuam e se impõem com férrea necessidade"*. Entretanto, como se fosse para registrar a irredutível singularidade dos fenômenos sociais em relação aos fenômenos naturais, essas "leis" são logo mitigadas. São apenas "leis tendenciais", tendências cujo desenvolvimento depende de lutas com desfecho incerto.

Ciência desconcertante essa "ciência" de Marx – essa *Wissenschaft* alemã –, que afirma sua diferença em relação à ideia dominante de ciência. Herdeira de Leibniz, Goethe, Hegel, Schelling, a "ciência alemã" não está impregnada com as pesadas conotações positivistas da ciência no sentido francês do termo. Em sua investigação da natureza, a ordem da lógica é incessantemente colocada à prova da desordem histórica. Sincronia e diacronia, estrutura e história, universal e singular combinam-se em permanência.

O estilo metafórico de *O capital* suscitou certo sarcasmo: ele provaria a incapacidade de seu autor de obedecer ao rigor da linguagem científica e à sua formalização. De fato, Engels se irritava com a "camisa de força" da língua, que o impedia de "dar vida a suas ideias em francês moderno". Mas a dificuldade vai muito além de problemas de léxico e tradução. Levanta questões de língua, estilo, composição, cujo alcance estético indica a procura de uma racionalidade e de um saber diferentes. "Sejam quais forem os defeitos, meus escritos têm a vantagem de compor um todo artístico"**, afirma Marx. Não se trata, pois, de uma faceirice de romancista frustrado, mas de uma necessidade de conhecimento ao mesmo tempo analítico e sintético, científico e crítico, teórico e prático.

Ao fazer o perfil criminal do capital assassino, Marx precisa recorrer a uma nova concepção de causalidade para compreender o estranho comportamento de seu inimigo. Embora não possa prever, evidentemente, a subversão gerada no pensamento científico pela teoria da relatividade, dos sistemas ou do caos, sua investigação o encaminha para essas pistas. Impele-o a ultrapassar o horizonte

---

* Karl Marx, *O capital*, Livro I (trad. Rubens Enderle, São Paulo, Boitempo, 2013), p. 78. (N. T.)

** Idem, carta a Friedrich Engels, 31 jul. 1865. (N. T.)

científico de seu século. Entre os pensadores de sua época, Marx seria provavelmente o menos desconcertado pelas interrogações e descobertas da nossa.

Em suas cartas, ele evoca o tipo de ciência nova a que aspira: "A economia como *ciência, no sentido alemão da palavra*, ainda precisa ser escrita [...]. Em uma obra como a minha, é inevitável que haja problemas nos detalhes, mas a composição e a estrutura são um triunfo da ciência alemã [*der deutsche Wissenschaft*]". Além da forma fenomenalista, essa ciência visa às "relações internas". Marx não entende seu trabalho como afirmação positiva de uma nova doutrina, mas como "crítica da economia política", um saber negativo que contesta a ciência estabelecida e abala os alicerces do edifício arrogante das falsas evidências ideológicas.

Na trilha de Hegel, ele entra em conflito com a racionalidade excludente da ciência instrumental – ou "ciência inglesa" –, que despreza a totalidade e enveréda pela positividade prática de saberes parcelados. Corrigindo Espinosa por Hegel, e vice-versa, faz do trabalho a relação pela qual "o homem contempla a si mesmo no mundo de sua criação". A separação entre ciências da natureza e ciências do homem é para ele apenas um momento do saber, rumo à passagem a "uma só ciência", que seria a da natureza humanizada e do homem naturalizado.

Uma nova ciência, em suma. Mas qual? Em *O capital*, o movimento do conhecimento parte das relações abstratas de produção e exploração que correspondem ao mecânico na lógica de Hegel. Passa pelas metamorfoses do capital na esfera da circulação que corresponde ao "quimismo". Chega às relações orgânicas da reprodução do conjunto, que são o momento do concreto e da natureza. Para superar a oposição entre o abstrato e o concreto, entre a teoria e a prática, a lógica tem de avançar, com efeito, além de sua concepção formal comum. Em *O capital*, como na grande *Lógica* de Hegel, é apenas do ponto de vista da totalidade, da reprodução do todo, que a "vida torna-se concreta e verdadeiramente real".

Maurice Blanchot é um dos poucos que percebeu quanto essa obra é "essencialmente subversiva":

> Nem tanto porque conduziria, pelos caminhos da objetividade científica, à consequência necessária da revolução quanto porque inclui, sem muito explicitar, um modo de pensar teórico que subverte a própria ideia de ciência. Nem a ciência, nem o pensamento saem intactos da obra de Marx, e isso no sentido mais forte do termo, porque a ciência se designa como transformação radical de si mesma; teoria de uma mutação sempre envolvida na prática, assim como, nessa prática, mutação sempre teórica.

Crítica e revolucionária, a ciência segundo Marx articula a ciência positiva (ou inglesa), a ciência alemã e a crítica:

> Não nos ocuparemos, por ora, do modo como as leis imanentes da produção capitalista se manifestam no movimento externo dos capitais, impondo-se como leis compulsórias da concorrência e apresentando-se à mente do capitalista individual como a força motriz de suas ações. Porém, esclareçamos de antemão: só é possível uma análise científica da concorrência depois que se aprende a natureza interna do capital [...].[2]

Dos manuscritos parisienses de 1844 a *O capital*, esse saber continua "crítico" de um extremo a outro. Mesmo que o uso do termo evolua, persiste a "crítica impiedosa de tudo o que existe", já reivindicada nas cartas da juventude: à diferença dos socialistas doutrinários que "excomungam como se fossem santos", trata-se sempre de "ridicularizar pela crítica".

---

[2] Idem, *O capital,* Livro I, cit., p. 391.

Para além das grandezas mensuráveis e dos fenômenos quantificáveis, a "ciência alemã", seguida como sombra por seu dublê crítico, é uma travessia paciente das aparências, porque "se a aparência exterior das coisas coincidisse com sua essência interior, a ciência seria supérflua"*. Ela se coloca em pontos antípodas do positivismo e do empirismo, que permanecem na superfície das coisas e na falsa evidência dos fatos. Na falta de uma exposição sistemática sobre essa ciência, é preciso contentar-se com anotações esparsas:

> Só é possível uma análise científica da concorrência depois que se apreende a natureza interna do capital, assim como o movimento aparente dos corpos celestes só pode ser compreendido por quem conhece seu movimento real, apesar de sensorialmente imperceptível.**
> A maneira como o filisteu e o economista vulgar entendem as coisas surge, principalmente, porque o que se reflete na mente deles é a forma direta da aparência das relações, e não sua conexão interna. Aliás, se esse fosse o caso, qual seria a necessidade de ciência?***
> O economista vulgar crê fazer uma grande descoberta quando, no que respeita à revelação da conexão interna, proclama que as coisas na aparência parecem diferentes. De fato, está a proclamar que se agarra à aparência e que a toma como a última palavra. Para quê então, em suma, uma ciência?****

Ao censurar Ricardo, e mais ainda os economistas vulgares, por permanecerem na superfície ilusória das coisas e pretenderem apresentar a "ciência antes da ciência", Marx os acusa de ignorar o trabalho do conhecimento como produção. O acesso à "conexão íntima" passa pela desconstrução das aparências, e o conhecimento participa do real por um processo de "diferenciação gradual".

A lógica do capital

Mas onde começa o todo? *O capital* é construído como *Em busca do tempo perdido*. Em Proust, parte-se da *madeleine*. Quando ela é mordida, desponta um mundo: o caminho de Méséglise e o caminho de Guermantes, e surge todo um sistema de valores. Marx parte da mercadoria, do que se tiver em mãos de mais banal, uma mesa, um lápis, um par de óculos. Abrimo-nos e despontam trabalho abstrato e concreto, valor de uso e de troca, capital constante e variável,

---

*   Idem, *O capital*, Livro III, cap. 48. (N. T.)
**   Idem, *O capital*, Livro I, cit., p. 391. (N. T.)
*** Idem, carta a Friedrich Engels, 27 jun. 1867. (N. T.)
**** Idem, "Carta a Ludwig Kugelmann", em *Obras escolhidas em três tomos* (trad. José Barata-Moura e João Pedro Gomes, Lisboa, Progresso, 1982), t. 2, p. 455-6. (N. T.)

capital fixo e circulante... Todo um mundo ali também! E, ao final da busca ou da crítica, o círculo está fechado. Em *O tempo redescoberto*, o caminho de Swann e o de Guermantes acabam por se reencontrar. No processo de reprodução, encontra-se o Capital em carne e osso, como grande personagem vivo da tragédia moderna.

Por ocasião da crise econômica estadunidense de 1857, o reencontro "acidental" de Marx com a lógica hegeliana o incita à elaboração de "uma concepção científica própria". À escuta dos espasmos e lapsos do capital, essa concepção não tem a missão de dizer a verdade derradeira, mas de empreender um trabalho incansável de desmistificação – do Estado, do Direito, da História, da Economia. E da própria Ciência! A crítica é esse trabalho reflexivo incessante da consciência contra suas próprias representações religiosas, suas próprias ilusões e seus próprios erros.

Na superfície enganosa do processo de circulação, na praça movimentada do mercado, onde tudo se troca e se equivale, o capital aparece como *Kapitalfetisch* – o fetiche capitalista do capital fetichizado. Como capital portador de juros, em que dinheiro parece fazer dinheiro, ele assume sua forma mais característica e "mais alienada". Resulta uma mistificação levada ao extremo, uma coisificação generalizada das relações sociais. Um mundo encantado onde os seres andam de ponta-cabeça, onde o senhor Capital e a senhora Terra dançam fantasticamente em sua ronda macabra. Esse mundo, em que os agentes da produção se sentem em casa em suas "formas ilusórias" de todos os dias, é o reino da personalização das coisas e da coisificação das pessoas, o da religiosidade diabólica da vida cotidiana moderna.

Esse fetichismo não é um simples travestismo da realidade. Se fosse esse o caso, seria simplesmente uma imagem malfeita do real, e um bom par de óculos bastaria para corrigir a vista e desvendar o objeto tal como é. A ciência comum bastaria para perscrutar a verdade oculta. Mas a representação fetichizada entretém em permanência, no espelho deformante de sua relação, a ilusão recíproca do sujeito e do objeto. Não é mais questão de se contentar com uma ciência que dissipe de uma vez por todas a falsa consciência e garanta a soberania lúcida do indivíduo racional, mestre e possuidor da natureza tanto quanto de si mesmo. Porque essa ilusão não nasce apenas na mente. Ela resulta de relações sociais reais. Enquanto estas perdurarem, a alienação poderá ser combatida na prática, mas não vencida. Em um mundo atormentado pelo fetichismo mercantil generalizado, não há saída da ideologia dominante pelo arco triunfal da Ciência. A crítica reconhece a própria incapacidade de possuir a verdade e declarar, de uma vez por todas, a verdade derradeira. Seu combate sempre reiniciado contra as ervas daninhas da loucura e do mito conduz unicamente a clareiras, onde o evento rasga temporariamente o véu da obscuridade.

Para a crítica, portanto, nenhum repouso. Ela nunca está quite com a ideologia. O melhor que pode fazer é resistir, afrontar, zombar e ironizar, criando condições para um desencanto e uma desilusão. A sequência não mais se desenrola na mente, mas na luta. Lá onde a crítica das armas substitui as armas da crítica. Onde a teoria se torna prática. E a razão, estratégica.

Em carta a Engels de 28 de agosto de 1867, Marx escreveu, na ocasião da publicação do Livro I de *O capital*:

O melhor no meu livro é: 1) o duplo caráter do trabalho, posto em evidência desde o primeiro capítulo, conforme ele se exprime em valor de uso ou em valor de troca; 2) a análise do mais-valor (ou sobrevalor) independentemente de suas formas particulares, tais como lucro, imposto, renda fundiária etc.

Em outra carta, de 8 de janeiro de 1868, insiste:

1) Em oposição a toda a economia anterior, que aborda inicialmente os fragmentos particulares do mais-valor, com suas formas fixas de renda, lucro e juros como fatores predeterminados, eu analiso em primeiro lugar a forma geral do mais-valor, em que todos os elementos estão ainda indiferenciados, por assim dizer, em estado de dissolução; 2) todos os economistas, sem exceção, esqueceram este fato bem simples: se a mercadoria tem o duplo caráter de valor de uso e valor de troca, é preciso que o trabalho representado por essa mercadoria também tenha duplo caráter; assim, a análise nua e crua do trabalho *sans phrase* [sem mais], como praticada por Smith, Ricardo etc., choca-se necessariamente com o inexplicável. Esse é, na prática, o verdadeiro segredo da crítica; 3) pela primeira vez, os salários são mostrados como forma irracional visível de uma relação oculta, e isso pode ser demonstrado em ambas as formas: salário por tempo e salário por peça.

Nas anotações de 1880, ele aponta de novo o que Wagner "não quis ver":

1. Que já ao fazer a análise da mercadoria eu não me detenho na dupla modalidade com que este [o *vir obscurus*] se apresenta, senão que passo imediatamente a demonstrar que nesta dupla modalidade da mercadoria se manifesta o duplo caráter do trabalho de que aquela é produto: do trabalho útil, ou seja, das modalidades concretas dos distintos trabalhos que criam valores de uso, e do trabalho abstrato, do trabalho como gasto de força de trabalho, seja qual for a forma "útil" como se gaste.
2. Que no desenvolvimento da forma de valor da mercadoria e, em última instância, em sua forma-dinheiro e, portanto, do dinheiro, o valor de uma mercadoria se manifesta no valor de uso de outra, ou seja, na forma material de outra mercadoria.
3. Que o próprio mais-valor se deriva do valor de uso da força de trabalho, específico e exclusivo dela.
4. E, portanto, que na minha obra o valor de uso desempenha um papel muito importante, diferentemente do que desempenha em toda a economia anterior, embora, tenha-se em conta, somente onde se parte da análise de um regime econômico dado e não de especulações abstratas acerca dos conceitos e das locuções "valor de uso" e "valor".*

---

* Idem, "Glosas marginais ao *Tratado de economia política* de Adolph Wagner", *Serviço Social em Revista* (trad. Evaristo Colmán, Londrina, Editora da Universidade de Londrina, 2011), v. 13, p. 175-9. (N. T.)

Para Marx, suas descobertas "científicas" originais residem:
- na demonstração das formas gerais ainda indiferenciadas do mais-valor e do duplo caráter do trabalho;
- na compreensão do capital como relação social;
- na compreensão de que o valor de uso não se anula no valor de troca, mas conserva sua importância específica.

Essas descobertas desnudam a importância:
- da forma geral (da estrutura) em relação ao caos da "macedônia" empírica;
- da relação social inscrita na totalidade do movimento.

Sua "crítica da economia política" inaugura, assim, outra maneira de "fazer ciência", irredutível tanto à fundação de uma nova ciência positiva da economia quanto ao retorno a uma filosofia especulativa. Teoria revolucionária do fetichismo, enfrenta miragens para vencer sortilégios.

Marx pratica uma lógica dinâmica das determinações, e não uma lógica estática e classificatória das definições. Não procura colar etiquetas sobre as coisas para arrumá-las em um dicionário, e sim captar as relações entre os fenômenos sociais inscritos em uma totalidade em movimento. Ele é bem claro sobre este ponto: "não são definições em que se classificariam as coisas, mas funções determinadas que se exprimem em categorias determinadas". Para descartar qualquer equívoco, Engels explica insistentemente aos leitores que procurariam a qualquer preço, nos textos de Marx, definições simples e tranquilizadoras, "lá onde, na realidade, ele desenvolve":

> De uma maneira geral, tem-se o direito de procurar em seus escritos definições claras, válidas e conclusivas. É evidente que, no momento em que as coisas e suas influências recíprocas são concebidas não como fixas, mas como variáveis, os próprios conceitos também estão sujeitos a variações e mudanças. Nessas condições, não estarão contidos em uma definição, mas desenvolvidos conforme o processo histórico de sua formação.*

Advertência àqueles que tentam questionar Marx para que reconheça uma definição atemporal de classes ou de trabalho, e que se prendem eles próprios nos grilhões de definições rígidas.

A passagem do abstrato ao concreto provém diretamente dessa lógica das determinações. A abstração determinada permite o que uma metáfora cinematográfica designaria como "o foco histórico das categorias" por sua "conexão orgânica interna". Embora tenha manifestado a intenção, Marx jamais escreveu o discurso do método dialético planejado em carta a Engels de 14 de janeiro de 1858: "Se tivesse tempo para esse tipo de coisa, gostaria muito, em dois ou três parágrafos, de tornar acessível aos homens sensatos o fundamento racional do método que Hegel descobriu, mas ao mesmo tempo mistificou".

O tempo tem costas largas. Mas não pode resolver o problema. Uma lógica das singularidades é formalizável? Apesar de esforços pedagógicos meritórios, as tentativas nesse sentido, os esboços de metodologia ou de lógica dialética têm a triste tendência a recair na "coisa da lógica" em detrimento da "lógica da coisa". A "lógica de *O capital*" não é, pois, uma lógica geral, mas uma lógica específica, determinada pelo uso do genitivo. Isso não se deve, segundo Lenin, ao fato da vida de Marx ter sido curta demais para concluir sua obra, mas ao fato de não haver lógica a não ser aquela imanente a seu objeto.

---

* Friedrich Engels, "Prefácio", em *O capital*, Livro III. (N. T.)

De qualquer jeito, isso não impediu alguns de seus detratores de acusá-lo de um formalismo lógico que sempre leva à conciliação de contrários. Apoiam-se principalmente na passagem do penúltimo capítulo do livro I de *O capital*, a respeito "da negação da negação". Essa fórmula deu margem a tantas simplificações que Engels sentiu-se obrigado a corrigi-las no *Anti-Dühring* – não apenas as interpretações abusivas, como o próprio sentido: "Qual o papel da negação da negação para Marx?".

Ele não quer "demonstrar a necessidade histórica: ao contrário, só depois de ter demonstrado pela história como, de fato, o processo em parte se realizou e em parte ainda deve se realizar no futuro, Marx o caracteriza também como um processo que se desenvolve de acordo com uma lei dialética determinada".

Se o comentário do texto parece bem confuso, a sequência é mais clara:

> Então, o que é a negação da negação? Uma lei do desenvolvimento da natureza, da história, do pensamento, extraordinariamente geral e, por isso mesmo, dotada de alcance e importância extremos [...]. Subentende-se que não falo de processo de desenvolvimento particular quando o chamo de negação da negação.

Se ela consiste "no passatempo infantil de alternadamente escrever e apagar a letra A em uma lousa ou dizer alternadamente que uma rosa é uma rosa e que ela não é uma rosa, nada resulta além da tolice de quem pratica esses exercícios entediantes".

As censuras dirigidas à lógica de Marx baseiam-se na noção de necessidade, interpretada, a partir do "Prefácio da *Contribuição à crítica da economia política*", de 1859, como uma necessidade mecânica. Essa necessidade é, no entanto, indissociável do papel do acaso, que a acompanha como seu dublê. Mas o fato é que às vezes é difícil saber se Marx utiliza o conceito de necessidade como uma predição (para dizer o que deve inevitavelmente acontecer) ou no sentido performativo (para dizer o que se tem de fazer acontecer). A fim de decidir entre essas interpretações, os textos políticos sobre as lutas de classes na França, a colonização inglesa da Índia, as revoluções espanholas e a Guerra de Secessão são bem mais úteis do que as especulações filosóficas. A centralidade da luta de classes e a incerteza de seu desfecho implicam uma porção de contingência e uma noção não mecânica de causalidade aberta, cujas condições determinam um campo de possibilidades, sem que se possa predizer qual vencerá.

O capital não é, certamente, um tratado ou um manual de economia política, mas uma crítica da economia política como categoria parcial ela mesma fetichizada. Se a lógica da obra transpõe as falsas evidências empíricas para ir do abstrato ao concreto, introduzindo de passagem novas determinações, ela jamais alega ter alcançado a plenitude da realidade. Marx é muito claro sobre este ponto:

> Ao expor desse modo a reificação das relações de produção e como estas se tornam autônomas diante dos agentes da produção, não estamos mostrando detalhadamente como as interferências do mercado mundial, suas conjunturas, o movimento dos preços de mercado, os períodos de crédito, os ciclos da indústria e do comércio, as alternâncias de prosperidade e de crise, aparecem para esses agentes como leis naturais todo-poderosas, expressão de uma dominação fatal e que se manifestam para eles sob o aspecto de uma necessidade cega. Não o mostramos porque o movimento real da concorrência situa-se fora do nosso plano e porque temos de estudar aqui apenas a organização do modo de produção capitalista na sua média ideal.*

---

* Karl Marx, *O capital*, Livro III, cap. 48. (N. T.)

Ou seja, os livros do projeto inicial – sobre o Estado e o mercado mundial – teriam focado mais de perto o "movimento real da concorrência", ido mais longe na articulação complexa de múltiplas determinações, levado ainda mais adiante a reconstituição da totalidade concreta, mesmo sem nunca alcançá-la.

O capital, cujo conceito Marx cria, é um sistema dinâmico cujas contradições íntimas abrem um leque de possibilidades. A luta de classes decide quais se tornarão efetivas e quais serão abandonadas pelo caminho. Um pensamento capaz de conceber conjuntamente a estrutura e a história, a contingência e a necessidade, o ato e o processo, a reforma e a revolução, o ativo e o passivo, o sujeito e o objeto, é fundamentalmente um pensamento estratégico, uma "álgebra da revolução".

Ao denunciar, por sua vez, o equívoco das ciências naturais promovidas à categoria de "ciências por excelência" – de "ciências-fetiche" – e modelos exclusivos de racionalidade, Gramsci soube perceber a originalidade desse pensamento. Convencido de que não há uma ciência em si nem um método em si, de que uma racionalidade abstrata é ainda uma peça pregada pelo fetichismo, ele combateu a ilusão de um método geral que reduzisse a diversidade dos saberes a um saber único, que substituísse a regularidade das leis naturais pela incerteza da "dialética histórica". Não se pode prever a luta "cientificamente", diz ele. Nem seu momento, nem seu desfecho.

Bibliografia selecionada

BLANCHOT, Maurice. Les trois paroles de Marx. In: *L'amitié*. Paris, Gallimard, 1971.

D'HONDT, Jacques (org.). *La logique de Marx*. Paris, PUF, 1974.

FAUSTO, Ruy. *Marx, lógica e política*: investigações para uma reconstituição do sentido da dialética. São Paulo, Editora 34, 2002.

GARO, Isabelle. *L'idéologie ou La pensée embarquée*. Paris, La Fabrique, 2009.

KOSIK, Karel. *La dialectique du concret*. Paris, Éditions de la Passion, 1988.

SACRISTAN, Manuel. *Sobre Marx y marxismo*: panfletos y materiales. Barcelona, Icaria, 1984.

SÈVE, Lucien (org.). *Émergence, complexité et dialectique*: sur les systèmes dynamiques non linéaires. Paris, Odile Jacob, 2005.

SMITH, Tony. *The Logic of Marx's Capital*: Replies to Hegelian Criticisms. Nova York, State University Press, 1990.

VADÉE, Michel. *Marx, penseur du possible*. Paris, Klincksieck, 1992.

ZELENY, Jindrich. *Das Wissenschaftslogik bei Marx und "Das Kapital"*. Berlim, Akademie-Verlag, 1968.

12

UMA HERANÇA SEM DONO EM BUSCA DE AUTORES

No tempo de Marx, a caricatura levava ampla vantagem sobre a fotografia na representação de pessoas. Na maioria das vezes, o retrato fotográfico, ainda raro, era um objeto privado, que servia principalmente para colocar um rosto no amigo distante ou na lembrança de uma pessoa próxima desaparecida. Substituindo esmaltes vidrados e camafeus amorosos ou as galerias de quadros dinásticos, ela começava aos poucos a democratizar a imagem[1].

Assim, por ocasião da morte de "Lupus" [Wilhelm Friedrich] Wolff, Marx e Engels mandam reproduzir uma dezena de exemplares de sua melhor fotografia para ser enviados aos veteranos de 1848, na Alemanha e nos Estados Unidos. Foi a maneira que encontraram para celebrar a vida do companheiro fiel e homageá-lo. Do mesmo modo, Marx, Engels e Kugelmann trocam retratos cuidadosamente escolhidos, não por preocupação com a posteridade (Marx fica bastante reticente com a insistência de seu editor, Maurice La Châtre, em ornar a folha de rosto de *O capital* com o retrato do autor), mas como testemunho de amizade. Por isso, o cuidado de oferecer uma boa imagem, que, como o asseio e o traje, demonstra respeito por si próprio e pelos outros, não apenas na aparência. O resultado é o aspecto solene, artificial, rígido das fotografias de corpo inteiro ou em *close*, solitárias ou em grupo, tiradas em cenários com tapeçarias pesadas e mobiliário burguês, cuja imobilidade não se deve apenas às limitações da época.

Logo, certamente não é fortuito que Marx tenha posado para uma última fotografia, em abril de 1882, em Argel, onde aparece com ares de patriarca, pouco antes de raspar sua célebre barba grisalha, e que não tenha guardado nenhuma imagem do homem glabro, rosto vincado pela doença e pelo sofrimento, que provavelmente se tornou em seu último ano.

---

[1] É exatamente em 1862 que os litígios sobre os direitos de reprodução provocam o reconhecimento da fotografia como arte, para proteger os direitos do autor.

Apesar da função social da fotografia e da *mise-en-scène*, a iconografia de Marx em vida mantém certo grau de familiaridade e intimidade, revestido ulteriormente de uma espécie de crosta pela grosseira iconografia e fanática hagiografia stalinistas, que orquestraram a difusão internacional de um novo culto. No universo "politicamente correto" da burocracia vitoriosa, a santa imagem do pai fundador deveria ser ao mesmo tempo tranquilizadora, ameaçadora e imaculada. Por esse motivo, as biografias purificadas de qualquer alusão a um provável filho bastardo não reconhecido, a discrição pudica a respeito dos gracejos machistas de Marx ou o silêncio sobre os deslizes homofóbicos de Engels[2]: apesar de inovadores e audaciosos teórica e politicamente,

---

[2] Ver principalmente a carta de Engels de 22 de junho de 1869: "Os pederastas começam a se contar e pensam que formam um poder dentro do Estado. Só falta a organização, mas parece que ela já existe secretamente. E, como eles têm homens importantes em todos os velhos

eram homens de seu tempo e de seus preconceitos, porque a verdade é que mentalidades não mudam no mesmo ritmo que leis e técnicas.

A sacralização burocrática de indivíduos humanamente falíveis produziu a estatuária e as imagens pitorescas de um Marx Júpiter olímpico, autoritário, dominador, portador de novas Tábuas da Lei, imitando o ar severo e a barba emaranhada do Moisés de Michelangelo, cujo olhar de pedra aterrorizou Freud em pessoa. Quantos cartazes e vinhetas, panos de fundo dominando as tribunas de congressos pletóricos, peitos cobertos de condecorações, desfiles comemorativos e berloques *kitsch* ornaram a sacrossanta procissão dinástica – Marx-Engels-Lenin-Stalin! Esses perfis sobrepostos conferiam uma legitimidade genealógica inspirada no Gênesis bíblico de Adão a Noé: Marx teria gerado Lenin, que teria gerado Stalin, tal como Adão gerou Seth, que gerou Enoch, que gerou Kenan. E assim por diante, sem ruptura nem descontinuidade, até o paraíso reconquistado ou o fim dos tempos.

A destruição dos ícones burocráticos e a derrubada dos ídolos de gesso são uma redenção: uma maneira de libertar Marx dos dogmas que o mantiveram acorrentado durante quase um século.

Sua obra aberta, sem limites, revolve em profundidade o espírito de uma época. Crítica em movimento de um sistema dinâmico, *O capital*, apesar das múltiplas remodelagens de seu plano inicial, era inacabável. Não porque a vida de seu autor tenha sido demasiadamente curta, mas porque era uma vida humana, e o objeto de sua crítica, em perpétuo movimento, sempre o conduzia mais longe.

Pleiadizado, Marx desfruta agora de um reconhecimento acadêmico que se esforça em contê-lo dentro dos limites temporais de seu século: um extraordinário pensador, com certeza, mas datado e fora de moda, bom para arquivos e museus. Economista amador, filósofo digno de figurar no grande afresco da odisseia do Espírito, historiador qualificado para concursos acadêmicos, pioneiro da sociologia? Um pouco de tudo. Um Marx em migalhas, em suma, inofensivo. Intelectual respeitável, se não tivesse tido a infeliz ideia de se envolver com política. No entanto, é isso que o torna um novo tipo de intelectual, que soube conciliar, nos anos 1860, a redação de *O capital* e a organização material, até mesmo a colagem de selos, da Primeira Internacional. É por isso,

---

partidos, sua vitória é inevitável. *Guerre aux cons, paix aux trous-du-cul* [Guerra aos imbecis, paz aos bundões], diz-se agora [...]. Para os que tomam a dianteira, como nós, com nossa atração ingênua pelas mulheres, as coisas não correrão bem".

escreve Jacques Derrida, que não há "futuro sem Marx". Para, contra, com, mas não "sem". E, quando os neoliberais ligados a Hobbes, Locke, Tocqueville o chamam de velho antiquado do século XIX, o espectro sorri discretamente.

A atualidade de Marx é a do próprio capital. Porque, se ele foi um excepcional pensador de sua época, se pensou com seu tempo, também pensou contra seu tempo e além dele, de maneira intempestiva. Seu corpo a corpo, teórico e prático, com o inimigo irredutível, o poder impessoal do capital, transporta-o até nosso presente. Sua inatualidade de ontem faz sua atualidade de hoje.

A (re)descoberta de um Marx desvencilhado de seu culto e seus fetiches é ainda mais necessária porque uma parte essencial de sua obra (nada menos que os manuscritos parisienses de 1848, *A ideologia alemã*, os manuscritos de 1857--1858, as *Teorias da mais-valia*, os Livros II e III de *O capital* e uma abundante correspondência) foi publicada a título póstumo. A recepção estende-se por décadas, na cadência de traduções frequentemente tardias e imperfeitas. Desse modo, desconhecida pelo movimento trabalhista francês renascente sob o Segundo Império, a primeira tradução francesa do *Manifesto Comunista* só foi divulgada em 1872, em *O Socialista*, jornal de língua francesa publicado... nos Estados Unidos[3]!

Ora, a herança de uma obra, principalmente se for dirigida à ação prática, é irredutível a seu texto. É a história de suas interpretações e recepções, inclusive das infidelidades, que por vezes são a melhor maneira de lhe permanecer fiel. Como também escreve Derrida: "A herança não é um bem, uma riqueza que se recebe e se guarda no banco; a herança é a afirmação ativa, seletiva, que pode ser às vezes reanimada e reafirmada mais por seus herdeiros ilegítimos do que pelos legítimos"[4].

É, de certo modo, uma herança sem proprietários nem manual de instruções. Uma herança à procura de autores.

Marx sem "ismos"

Vinte anos após a morte de Marx, Georges Sorel já falava, em ensaio de 1908, da "decomposição do marxismo". Por muito tempo, Marx foi prisioneiro de seus "ismos", das ortodoxias de partido e de Estado, de ídolos de mármore ou gesso que petrificaram em culto sua crítica profana da modernidade. Um

---

[3] Ver Philippe Videlier, *La proclamation du Nouveau Monde*, seguida do *Manifeste du Parti Communiste* (Vénissieux, Paroles d'Aube, 1995).

[4] Jacques Derrida, *Marx en jeu* (Paris, Descartes & Cie., 1997).

passeio pela galeria de seus espelhos deformantes esclarece as expectativas e projeções de uma época tanto ou até mais do que sua obra propriamente dita. Não se trata de empreender escavações arqueológicas à procura de um Marx original e autêntico, debaixo de cópias incorretas e múltiplas contrafações, mas de trazê-lo ao jogo das interpretações, que fazem viver o pensamento, desvendando pistas ignoradas ou reprimidas.

Paradoxalmente, em vez da morte anunciada, os vinte últimos anos talvez tenham sido os de seu renascimento. Imagina-se erroneamente os anos 1960 como a idade de ouro do marxismo. Os estudos marxianos provavelmente nunca foram tão numerosos e tão bem informados quanto hoje. Permitem sair do provincialismo francês e descobrir produções teóricas anglo-saxônicas, latino-americanas, asiáticas e africanas. Estabelecem um diálogo promissor entre pesquisadores de inspiração marxista e trabalhos oriundos de outras abordagens teóricas, como a sociologia crítica, a psicanálise, os estudos feministas ou pós-colonialistas.

A riqueza e diversidade dessas produções testemunham uma reviravolta na história tumultuada dos marxismos e suas crises. Como salienta Stathis Kouvélakis, o marxismo é constitutivamente um "pensamento da crise". Sua difusão, desde o fim do século XIX, inaugura a luta de tendências que, em consonância com os desafios da época, não parou de cruzar o campo da teoria. De imediato, isso significa uma difração e uma passagem da herança para o plural. Novamente, volta-se a falar de "decomposição do marxismo".

A mais recente "crise do marxismo", nos anos 1980, foi triunfalmente festejada pelos ideólogos liberais. Mais uma vez, o programa de pesquisa extraído da obra fundadora de Marx viu-se confrontado com as interrogações de um período de expansão e com as transformações do próprio sistema capitalista. As práticas e as formas do movimento social foram submetidas à prova da metamorfose das relações sociais, da divisão do trabalho e da organização da produção. A esses parâmetros recorrentes, o fim da sequência histórica designada como "breve século XX" acrescenta o desmoronamento de sociedades apresentadas, há mais de meio século, como a encarnação temporal do espectro comunista.

Entretanto, desde meados dos anos 1990, a euforia neoliberal está com as asas cortadas. A realização em Paris de um Primeiro Congresso Marx Internacional, no outono de 1995, coincidiu de modo significativo com o grande movimento grevista em defesa da previdência social e do serviço público. Inscreveu-se no renascimento da pesquisa marxista, especialmente criativa nos países anglo-saxões, anunciada na França pela publicação, em 1993, dos *Espectros de Marx*, de Jacques Derrida ou pela intenção declarada de Gilles Deleuze de consagrar um livro ao "grande Karl". Paralelamente, a publicação de *A miséria do mundo*, sob direção de Pierre Bourdieu, deu novo alento à sociologia crítica. Sob os escombros do século XX, refloresceram os "mil marxismos" de que fala o filósofo André Tosel. Sem ficar escarlate, a brisa ganhou alguns matizes.

O florescimento desses "mil marxismos" aparece como um momento de liberação, em que o pensamento se evade de seus grilhões doutrinários. Significa a possibilidade de recomeçar, após as experiências traumáticas de um século trágico, mas sem fazer do passado uma tábula rasa. Plurais e atuais, esses marxismos comprovam uma viva curiosidade. Porém, sua expansão interroga se, apesar das diferenças e fragmentações disciplinares, podem constituir um programa de pesquisas que compartilhe o mesmo nome. Em outras palavras, pode-se ainda falar de marxismo no singular ou é melhor se contentar, conforme a fórmula do filósofo catalão Fernández Buey, com um Marx sem "ismos" ou um marxismo desconstruído? "Qual é o consenso mínimo", pergunta André Tosel, "para que se possa chamar uma interpretação de legitimamente marxista?" A pluralidade dos "mil marxismos", presentes e futuros, coloca a "questão do acordo teórico mínimo em um campo de desacordos legítimos", para que essa generosa multiplicação não conduza a um esmigalhamento do núcleo teórico e à sua dissolução no caldo de cultura pós-moderno.

O longo jejum teórico do período stalinista aguçou apetites legítimos de descoberta e invenção. As amarras do marxismo de Estado e as excomunhões inquisitoriais também alimentaram uma aspiração legítima à liberdade de pensamento, de que foram precursores os "grandes hereges" do período precedente (Ernst Bloch, o Lukács tardio, Jean-Paul Sartre, Louis Althusser, Henri Lefebvre e Ernest Mandel). O risco agora parece inverso: que mil marxismos coexistam polida e consensualmente em uma paisagem pacificada. Esse perigo de ecletismo caminha junto com a reabilitação institucional de um Marx conivente com as civilidades de uma marxologia acadêmica sem alcance subversivo. Em *Espectros de Marx*, Derrida alertou contra essa tentação de "jogar Marx contra o marxismo, a fim de neutralizar e ensurdecer o imperativo político na exegese tranquila de uma obra catalogada".

O fundamento dessa ameaça reside na discordância entre o ritmo do renascimento intelectual e a lentidão da remobilização social, na cisão perpetuada entre teoria e prática, que há muito tempo caracteriza o marxismo ocidental[5]. Consequentemente, ao reivindicar sua unidade, o marxismo se submete a um duplo critério de julgamento. Se não foi seriamente refutado no plano teórico, foi incontestavelmente desgastado por graves derrotas políticas do movimento trabalhador e das políticas de emancipação do século passado. Seu programa de pesquisas continua sólido. Mas só haverá futuro se, em vez de se refugiar na clausura universitária, puder estabelecer uma estreita ligação com a prática renovada dos movimentos sociais e com a resistência à globalização imperialista.

Aí efetivamente se exprime, com grande impacto, a atualidade de Marx: sua crítica da privatização do mundo, do fetichismo da mercadoria como espetáculo, da fuga mortífera na aceleração da corrida pelo lucro, da conquista insaciável de espaços submetidos à lei impessoal do mercado. A obra teórica e militante de Marx nasceu na época da globalização vitoriana. O progresso dos transportes foi, à época, o equivalente da internet: o crédito e a especulação tiveram um desenvolvimento impetuoso; foram celebradas as bodas bárbaras do mercado e da tecnologia; surgiu uma "indústria do massacre"... Mas, dessa grande transformação, nasceu também o movimento trabalhador da Primeira Internacional. A "crítica da economia política" é o deciframento indispensável dos hieróglifos da modernidade e o ato inaugural de um programa de pesquisas sempre fecundo.

A crise agora exposta da globalização capitalista e a derrocada de seu discurso apologético constituem o fundamento da renascença dos marxismos[6]. Esse

---

[5] Ver Perry Anderson, *Considerações sobre o marxismo ocidental/Nas trilhas do materialismo histórico* (São Paulo, Boitempo, 2004).
[6] Dão testemunho os trabalhos de Robert Brenner e Mike Davis nos Estados Unidos, uma intensa atividade editorial na Ásia e na América Latina, uma rica produção na própria

florescimento responde frequentemente às exigências de uma pesquisa livre e rigorosa, mesmo que se acautele contra as armadilhas da exegese acadêmica. Mostra a que ponto os espectros de Marx rondam nosso presente e como seria errôneo contrapor uma idade de ouro imaginária nos anos 1960 à esterilidade dos marxistas contemporâneos. O trabalho molecular da teoria é provavelmente menos visível do que antes. Não traz aos mestres pensadores de hoje a mesma notoriedade dos antigos. É certamente mais denso, mais coletivo, mais livre e mais secular. Se os anos 1980 foram razoavelmente desérticos, o novo século promete ser bem mais do que um oásis.

Fernand Braudel disse que, para acabar com o marxismo, seria necessário um incrível policiamento do vocabulário. Queiramos ou não, o pensamento de Marx agora pertence à prosa da nossa era – por mais que desagrade àqueles que, como o célebre burguês, fazem prosa sem saber*. Ser fiel a essa mensagem crítica é sustentar que nosso mundo da concorrência e da guerra de todos contra todos não pode ser reformado somente com alguns retoques, que é necessário subvertê-lo, e com mais urgência do que nunca. Para compreendê-lo a fim de mudá-lo, em vez de simplesmente comentá-lo ou denunciá-lo, o pensamento de Marx e o "trovão" de *O capital*, pouco audível em sua época, são não um ponto de chegada, mas um ponto de partida e de passagem obrigatório à espera de ser transposto.

França, com pesquisas militantes sobre a lógica da globalização. Sob o impulso de David Harvey, a exploração de um "materialismo histórico-geográfico" retoma as pistas abertas por Henri Lefebvre sobre a produção do espaço. Estudos feministas alimentam a reativação da reflexão sobre relação de classes sociais, gênero e identidade comunitária. Os trabalhos de John Bellamy Foster, Mike Davis, Paul Burkett conferem fundamento teórico ao ecossocialismo. Estudos culturais, ilustrados principalmente pelos trabalhos de Fredric Jameson nos Estados Unidos e Terry Eagleton na Grã-Bretanha, abrem novas perspectivas para a crítica das representações, ideologias e formas estéticas. A crítica da filosofia política recupera o fôlego com os estudos de Domenico Losurdo e Ellen Wood sobre o liberalismo e o colonialismo, com a redescoberta de grandes personagens como György Lukács e Walter Benjamin; com a investigação de uma historiografia crítica sobre a Revolução Francesa; com as leituras renovadas do *corpus* marxista de jovens filósofos; com as interrogações de juristas práticos e universitários sobre as metamorfoses e incertezas do direito; com as controvérsias, inspiradas principalmente pela ecologia social, sobre o papel das ciências e das técnicas e sobre seu controle democrático; com uma interpretação original da psicanálise lacaniana; com a confrontação da herança marxista com obras como as de Hannah Arendt, Habermas e Bourdieu.

* Alusão a Molière, *O burguês fidalgo*. (N. T.)

Bibliografia selecionada

BENSUSSAN, Gérard; LABICA, Georges. *Dictionnaire critique du marxisme*. Paris, PUF, 1999.

BIDET, Jacques; KOUVÉLAKIS, Stathis (orgs.). *Dictionnaire Marx contemporain*. Paris, PUF, 2001.

CALLINICOS, Alex. *The Resources of Critique*. Cambridge/Malden, Polity, 2006.

DERRIDA, Jacques. *Marx and Sons*. Paris, PUF/Galilée, 2002.

_____. *Spectres de Marx*: l'état de la dette, le travail du deuil et la nouvelle Internationale. Paris, Galilée, 1993 [ed. bras.: *Espectros de Marx*: o estado da dívida, o trabalho do luto e a nova Internacional. Rio de Janeiro, Relume-Dumará, 1994].

KOLAKOWSKI, Leszek. *Histoire du marxisme*. Paris, Fayard, 1987.

KOUVÉLAKIS, Stathis (org.). *Y-a-t-il une vie après le capitalisme?* Paris, Le Temps des Cerises, 2008.

MARX, hors limites: une pensée devenue monde. Sarkozy et le mythe méritocratique. *Contretemps*, n. 20, set. 2007. Disponível em: <www.contretemps.eu/sites/default/files/Contretemps%2020.pdf>. Acesso em 19 ago. 2013.

SOREL, Georges. *La décomposition du marxisme*: et autres essais. Paris, PUF, 1982.

TOSEL, André. *Les marxismes du XXe siècle*. Paris, Syllepse, 2009.

Cronologia resumida de Marx e Engels

	Karl Marx	Friedrich Engels	Fatos históricos
1818	Em Trier (capital da província alemã do Reno), nasce Karl Marx (5 de maio), o segundo de oito filhos de Heinrich Marx e de Enriqueta Pressburg. Trier na época era influenciada pelo liberalismo revolucionário francês e pela reação ao Antigo Regime, vinda da Prússia.		Simón Bolívar declara a Venezuela independente da Espanha.
1820		Nasce Friedrich Engels (28 de novembro), primeiro dos oito filhos de Friedrich Engels e Elizabeth Franziska Mauritia van Haar, em Barmen, Alemanha. Cresce no seio de uma família de industriais religiosa e conservadora.	George IV se torna rei da Inglaterra, pondo fim à Regência. Insurreição constitucionalista em Portugal.
1824	O pai de Marx, nascido Hirschel, advogado e conselheiro de Justiça, é obrigado a abandonar o judaísmo por motivos profissionais e políticos (os judeus estavam proibidos de ocupar cargos públicos na Renânia). Marx entra para o Ginásio de Trier (outubro).		Simón Bolívar se torna chefe do Executivo do Peru.
1830	Inicia seus estudos no Liceu Friedrich Wilhelm, em Trier.		Estouram revoluções em diversos países europeus. A população de Paris insurge-se contra a promulgação de leis que dissolvem a Câmara e suprimem a liberdade de imprensa. Luís Filipe assume o poder.
1831			Morre Hegel.

Karl Marx	Friedrich Engels	Fatos históricos
1834	Engels ingressa, em outubro, no Ginásio de Elberfeld.	A escravidão é abolida no Império Britânico. Insurreição operária em Lyon.
1835 Escreve *Reflexões de um jovem perante a escolha de sua profissão*. Presta exame final de bacharelado em Trier (24 de setembro). Inscreve-se na Universidade de Bonn.		Revolução Farroupilha, no Brasil. O Congresso alemão faz moção contra o movimento de escritores Jovem Alemanha.
1836 Estuda Direito na Universidade de Bonn. Participa do Clube de Poetas e de associações de estudantes. No verão, fica noivo em segredo de Jenny von Westphalen, sua vizinha em Trier. Em razão da oposição entre as famílias, casar-se-iam apenas sete anos depois. Matricula-se na Universidade de Berlim.	Na juventude, fica impressionado com a miséria em que vivem os trabalhadores das fábricas de sua família. Escreve *Poema*.	Fracassa o golpe de Luís Napoleão em Estrasburgo. Criação da Liga dos Justos.
1837 Transfere-se para a Universidade de Berlim e estuda com mestres como Gans e Savigny. Escreve *Canções selvagens* e *Transformações*. Em carta ao pai, descreve sua relação contraditória com o hegelianismo, doutrina predominante na época.	Por insistência do pai, Engels deixa o ginásio e começa a trabalhar nos negócios da família. Escreve *História de um pirata*.	A rainha Vitória assume o trono na Inglaterra.
1838 Entra para o Clube dos Doutores, encabeçado por Bruno Bauer. Perde o interesse pelo Direito e entrega-se com paixão ao estudo da Filosofia, o que lhe compromete a saúde. Morre seu pai.	Estuda comércio em Bremen. Começa a escrever ensaios literários e sociopolíticos, poemas e panfletos filosóficos em periódicos como o *Hamburg Journal* e o *Telegraph für Deutschland*, entre eles o poema "O beduíno" (setembro), sobre o espírito da liberdade.	Richard Cobden funda a Anti-Corn-Law-League, na Inglaterra. Proclamação da Carta do Povo, que originou o cartismo.
1839	Escreve o primeiro trabalho de envergadura, *Briefe aus dem Wupperthal* [Cartas de Wupperthal], sobre a vida operária em Barmen e na vizinha Elberfeld (*Telegraph für Deutschland*, primavera). Outros viriam, como *Literatura popular alemã*, *Karl Beck* e *Memorabilia de Immermann*. Estuda a filosofia de Hegel.	Feuerbach publica *Zur Kritik der Hegelschen Philosophie* [Crítica da filosofia hegeliana]. Primeira proibição do trabalho de menores na Prússia. Auguste Blanqui lidera o frustrado levante de maio, na França.
1840 K. F. Koeppen dedica a Marx o seu estudo *Friedrich der Grosse und seine Widersacher* [Frederico, o Grande, e seus adversários].	Engels publica *Réquiem para o Aldeszeitung alemão* (abril), *Vida literária moderna*, no *Mitternachtzeitung* (março-maio) e *Cidade natal de Siegfried* (dezembro).	Proudhon publica *O que é a propriedade?* [Qu'est-ce que la propriété?].

	Karl Marx	Friedrich Engels	Fatos históricos
1841	Com uma tese sobre as diferenças entre as filosofias de Demócrito e Epicuro, Marx recebe em Iena o título de doutor em Filosofia (15 de abril). Volta a Trier. Bruno Bauer, acusado de ateísmo, é expulso da cátedra de Teologia da Universidade de Bonn, com isso Marx perde a oportunidade de atuar como docente nessa universidade.	Publica *Ernst Moritz Arndt*. Seu pai o obriga a deixar a escola de comércio para dirigir os negócios da família. Engels prosseguiria sozinho seus estudos de filosofia, religião, literatura e política. Presta o serviço militar em Berlim por um ano. Frequenta a Universidade de Berlim como ouvinte e conhece os jovens hegelianos. Critica intensamente o conservadorismo na figura de Schelling, com os escritos *Schelling em Hegel*, *Schelling e a revelação* e *Schelling, filósofo em Cristo*.	Feuerbach traz a público *A essência do cristianismo* [*Das Wesen des Christentums*]. Primeira lei trabalhista na França.
1842	Elabora seus primeiros trabalhos como publicista. Começa a colaborar com o jornal *Rheinische Zeitung* [Gazeta Renana], publicação da burguesia em Colônia, do qual mais tarde seria redator. Conhece Engels, que na ocasião visitava o jornal.	Em Manchester, assume a fiação do pai, a Ermen & Engels. Conhece Mary Burns, jovem trabalhadora irlandesa, que viveria com ele até a morte. Mary e a irmã Lizzie mostram a Engels as dificuldades da vida operária, e ele inicia estudos sobre os efeitos do capitalismo no operariado inglês. Publica artigos no *Rheinische Zeitung*, entre eles "Crítica às leis de imprensa prussianas" e "Centralização e liberdade".	Eugène Sue publica *Os mistérios de Paris*. Feuerbach publica *Vorläufige Thesen zur Reform der Philosophie* [Teses provisórias para uma reforma da filosofia]. O Ashley's Act proíbe o trabalho de menores e mulheres em minas na Inglaterra.
1843	Sob o regime prussiano, é fechado o *Rheinische Zeitung*. Marx casa-se com Jenny von Westphalen. Recusa convite do governo prussiano para ser redator no diário oficial. Passa a lua de mel em Kreuznach, onde se dedica ao estudo de diversos autores, com destaque para Hegel. Redige os manuscritos que viriam a ser conhecidos como *Crítica da filosofia do direito de Hegel* [*Zur Kritik der Hegelschen Rechtsphilosophie*]. Em outubro vai a Paris, onde Moses Hess e George Herwegh o apresentam às sociedades secretas socialistas e comunistas e às associações operárias alemãs. Conclui *Sobre a questão judaica* [*Zur Judenfrage*]. Substitui Arnold Ruge na direção dos *Deutsch-Französische Jahrbücher* [Anais Franco-Alemães]. Em dezembro inicia grande amizade com Heinrich Heine e conclui sua "Crítica da filosofia do direito de Hegel – Introdução" [*Zur Kritik der Hegelschen Rechtsphilosophie – Einleitung*]	Engels escreve, com Edgar Bauer, o poema satírico "Como a Bíblia escapa milagrosamente a um atentado impudente ou O triunfo da fé", contra o obscurantismo religioso. O jornal *Schweuzerisher Republicaner* publica suas "Cartas de Londres". Em Bradford, conhece o poeta G. Weerth. Começa a escrever para a imprensa cartista. Mantém contato com a Liga dos Justos. Ao longo desse período, suas cartas à irmã favorita, Marie, revelam seu amor pela natureza e por música, livros, pintura, viagens, esporte, vinho, cerveja e tabaco.	Feuerbach publica *Grundsätze der Philosophie der Zukunft* [Princípios da filosofia do futuro].

Karl Marx	Friedrich Engels	Fatos históricos
1844 Em colaboração com Arnold Ruge, elabora e publica o primeiro e único volume dos *Deutsch-Französische Jahrbücher*, no qual participa com dois artigos: "A questão judaica" e "Introdução a uma crítica da filosofia do direito de Hegel". Escreve os *Manuscritos econômico-filosóficos* [*Ökonomisch-philosophische Manuskripte*]. Colabora com o *Vorwärts!* [Avante!], órgão de imprensa dos operários alemães na emigração. Conhece a Liga dos Justos, fundada por Weitling. Amigo de Heine, Leroux, Blanc, Proudhon e Bakunin, inicia em Paris estreita amizade com Engels. Nasce Jenny, primeira filha de Marx. Rompe com Ruge e desliga-se dos *Deutsch-Französische Jahrbücher*. O governo decreta a prisão de Marx, Ruge, Heine e Bernays pela colaboração nos *Deutsch-Französische Jahrbücher*. Encontra Engels em Paris e em dez dias planejam seu primeiro trabalho juntos, *A sagrada família* [*Die heilige Familie*]. Marx publica no *Vorwärts!* artigo sobre a greve na Silésia.	Em fevereiro, Engels publica *Esboço para uma crítica da economia política* [*Umrisse zu einer Kritik der Nationalökonomie*], texto que influenciou profundamente Marx. Segue à frente dos negócios do pai, escreve para os *Deutsch-Französische Jahrbücher* e colabora com o jornal *Vorwärts!*. Deixa Manchester. Em Paris, torna-se amigo de Marx, com quem desenvolve atividades militantes, o que os leva a criar laços cada vez mais profundos com as organizações de trabalhadores de Paris e Bruxelas. Vai para Barmen.	O Graham's Factory Act regula o horário de trabalho para menores e mulheres na Inglaterra. Fundado o primeiro sindicato operário na Alemanha. Insurreição de operários têxteis na Silésia e na Boêmia.
1845 Por causa do artigo sobre a greve na Silésia, a pedido do governo prussiano Marx é expulso da França, juntamente com Bakunin, Bürgers e Bornstedt. Muda-se para Bruxelas e, em colaboração com Engels, escreve e publica em Frankfurt *A sagrada família*. Ambos começam a escrever *A ideologia alemã* [*Die deutsche Ideologie*] e Marx elabora "As teses sobre Feuerbach" [*Thesen über Feuerbach*]. Em setembro nasce Laura, segunda filha de Marx e Jenny. Em dezembro, ele renuncia à nacionalidade prussiana.	As observações de Engels sobre a classe trabalhadora de Manchester, feitas anos antes, formam a base de uma de suas obras principais, *A situação da classe trabalhadora na Inglaterra* [*Die Lage der arbeitenden Klasse in England*] (publicada primeiramente em alemão; a edição seria traduzida para o inglês 40 anos mais tarde). Em Barmen organiza debates sobre as ideias comunistas junto com Hess e profere os *Discursos de Elberfeld*. Em abril sai de Barmen e encontra Marx em Bruxelas. Juntos, estudam economia e fazem uma breve visita a Manchester (julho e agosto), onde percorrem alguns jornais locais, como o *Manchester Guardian* e o *Volunteer Journal for Lancashire and Cheshire*. Lançada *A situação da classe trabalhadora na Inglaterra*, em Leipzig. Começa sua vida em comum com Mary Burns.	Criada a organização internacionalista Democratas Fraternais, em Londres. Richard M. Hoe registra a patente da primeira prensa rotativa moderna.
1846 Marx e Engels organizam em Bruxelas o primeiro Comitê de Correspondência da Liga dos Justos,	Seguindo instruções do Comitê de Bruxelas, Engels estabelece estreitos contatos com socialistas e	Os Estados Unidos declaram guerra ao México. Rebelião

Karl Marx	Friedrich Engels	Fatos históricos
uma rede de correspondentes comunistas em diversos países, a qual Proudhon se nega a integrar. Em carta a Annenkov, Marx critica o recém-publicado *Sistema das contradições econômicas ou Filosofia da miséria* [*Système des contradictions économiques ou Philosophie de la misère*], de Proudhon. Redige com Engels a *Zirkular gegen Kriege* [Circular contra Kriege], crítica a um alemão emigrado dono de um periódico socialista em Nova York. Por falta de editor, Marx e Engels desistem de publicar *A ideologia alemã* (a obra só seria publicada em 1932, na União Soviética). Em dezembro nasce Edgar, o terceiro filho de Marx.	comunistas franceses. No outono, ele se desloca para Paris com a incumbência de estabelecer novos comitês de correspondência. Participa de um encontro de trabalhadores alemães em Paris, propagando ideias comunistas e discorrendo sobre a utopia de Proudhon e o socialismo real de Karl Grün.	polonesa em Cracóvia. Crise alimentar na Europa. Abolidas, na Inglaterra, as "leis dos cereais".
1847 Filia-se à Liga dos Justos, em seguida nomeada Liga dos Comunistas. Realiza-se o primeiro congresso da associação em Londres (junho), ocasião em que se encomenda a Marx e Engels um manifesto dos comunistas. Eles participam do congresso de trabalhadores alemães em Bruxelas e, juntos, fundam a Associação Operária Alemã de Bruxelas. Marx é eleito vice-presidente da Associação Democrática. Conclui e publica a edição francesa de *Miséria da filosofia* [*Misère de la philosophie*] (Bruxelas, julho).	Engels viaja a Londres e participa com Marx do I Congresso da Liga dos Justos. Publica *Princípios do comunismo* [*Grundsätze des Kommunismus*], uma "versão preliminar" do *Manifesto Comunista* [*Manifest der Kommunistischen Partei*]. Em Bruxelas, junto com Marx, participa da reunião da Associação Democrática, voltando em seguida a Paris para uma série de encontros. Depois de atividades em Londres, volta a Bruxelas e escreve, com Marx, o *Manifesto Comunista*.	A Polônia torna-se província russa. Guerra civil na Suíça. Realiza-se em Londres, o II Congresso da Liga dos Comunistas (novembro).
1848 Marx discursa sobre o livre--cambismo numa das reuniões da Associação Democrática. Com Engels publica, em Londres (fevereiro), o *Manifesto Comunista*. O governo revolucionário francês, por meio de Ferdinand Flocon, convida Marx a morar em Paris depois que o governo belga o expulsa de Bruxelas. Redige com Engels "Reivindicações do Partido Comunista da Alemanha" [*Forderungen der Kommunistischen Partei in Deutschland*] e organiza o regresso dos membros alemães da Liga dos Comunistas à pátria. Com sua família e com Engels, muda-se em fins de maio para Colônia, onde ambos fundam o jornal *Neue Rheinische Zeitung* [Nova Gazeta Renana], cuja primeira edição é	Expulso da França por suas atividades políticas, chega a Bruxelas no fim de janeiro. Juntamente com Marx, toma parte na insurreição alemã, de cuja derrota falaria quatro anos depois em *Revolução e contrarrevolução na Alemanha* [*Revolution und Konterevolution in Deutschland*]. Engels exerce o cargo de editor do *Neue Rheinische Zeitung*, recém-criado por ele e Marx. Participa, em setembro, do Comitê de Segurança Pública criado para rechaçar a contrarrevolução, durante grande ato popular promovido pelo *Neue Rheinische Zeitung*. O periódico sofre suspensões, mas prossegue ativo. Procurado pela polícia, tenta se exilar na Bélgica, onde é preso e	Definida, na Inglaterra, a jornada de dez horas para menores e mulheres na indústria têxtil. Criada a Associação Operária, em Berlim. Fim da escravidão na Áustria. Abolição da escravidão nas colônias francesas. Barricadas em Paris: eclode a revolução; o rei Luís Filipe abdica e a República é proclamada. A revolução se alastra pela Europa. Em junho, Blanqui lidera novas insurreições

Karl Marx	Friedrich Engels	Fatos históricos
publicada em 1º de junho com o subtítulo *Organ der Demokratie*. Marx começa a dirigir a Associação Operária de Colônia e acusa a burguesia alemã de traição. Proclama o terrorismo revolucionário como único meio de amenizar "as dores de parto" da nova sociedade. Conclama ao boicote fiscal e à resistência armada.	depois expulso. Muda-se para a Suíça.	operárias em Paris, brutalmente reprimidas pelo general Cavaignac. Decretado estado de sítio em Colônia em reação a protestos populares. O movimento revolucionário reflui.
1849 Marx e Engels são absolvidos em processo por participação nos distúrbios de Colônia (ataques a autoridades publicados no *Neue Rheinische Zeitung*). Ambos defendem a liberdade de imprensa na Alemanha. Marx é convidado a deixar o país, mas ainda publicaria *Trabalho assalariado e capital* [*Lohnarbeit und Kapital*]. O periódico, em difícil situação, é extinto (maio). Marx, em condição financeira precária (vende os próprios móveis para pagar as dívidas), tenta voltar a Paris, mas, impedido de ficar, é obrigado a deixar a cidade em 24 horas. Graças a uma campanha de arrecadação de fundos promovida por Ferdinand Lassalle na Alemanha, Marx se estabelece com a família em Londres, onde nasce Guido, seu quarto filho (novembro).	Em janeiro, Engels retorna a Colônia. Em maio, toma parte militarmente na resistência à reação. À frente de um batalhão de operários, entra em Elberfeld, motivo pelo qual sofre sanções legais por parte das autoridades prussianas, enquanto Marx é convidado a deixar o país. Publicado o último número do *Neue Rheinische Zeitung*. Marx e Engels vão para o sudoeste da Alemanha, onde Engels envolve-se no levante de Baden-Palatinado, antes de seguir para Londres.	Proudhon publica *Les confessions d'un révolutionnaire*. A Hungria proclama sua independência da Áustria. Após período de refluxo, reorganiza-se no fim do ano, em Londres, o Comitê Central da Liga dos Comunistas, com a participação de Marx e Engels.
1850 Ainda em dificuldades financeiras, organiza a ajuda aos emigrados alemães. A Liga dos Comunistas reorganiza as sessões locais e é fundada a Sociedade Universal dos Comunistas Revolucionários, cuja liderança logo se fraciona. Edita em Londres a *Neue Rheinische Zeitung* [Nova Gazeta Renana], revista de economia política, bem como *Lutas de classe na França* [*Die Klassenkämpfe in Frankreich*]. Morre o filho Guido.	Publica *A guerra dos camponeses na Alemanha* [*Der deutsche Bauernkrieg*]. Em novembro, retorna a Manchester, onde viverá por vinte anos, e às suas atividades na Ermen & Engels; o êxito nos negócios possibilita ajudas financeiras a Marx.	Abolição do sufrágio universal na França.
1851 Continua em dificuldades, mas, graças ao êxito dos negócios de Engels em Manchester, conta com ajuda financeira. Dedica-se intensamente aos estudos de economia na biblioteca do Museu Britânico. Aceita o convite de trabalho do *New York Daily Tribune*, mas é Engels quem envia os primeiros textos, intitulados	Engels, juntamente com Marx, começa a colaborar com o Movimento Cartista [Chartist Movement]. Estuda língua, história e literatura eslava e russa.	Na França, golpe de Estado de Luís Bonaparte. Realização da primeira exposição universal, em Londres.

	Karl Marx	Friedrich Engels	Fatos históricos
	"Contrarrevolução na Alemanha", publicados sob a assinatura de Marx. Hermann Becker publica em Colônia o primeiro e único tomo dos *Ensaios escolhidos de Marx*. Nasce Francisca (28 de março), quinta de seus filhos.		
1852	Envia ao periódico *Die Revolution*, de Nova York, uma série de artigos sobre *O 18 de brumário de Luís Bonaparte* [*Der achtzehnte Brumaire des Louis Bonaparte*]. Sua proposta de dissolução da Liga dos Comunistas é acolhida. A difícil situação financeira é amenizada com o trabalho para o *New York Daily Tribune*. Morre a filha Francisca, nascida um ano antes.	Publica *Revolução e contrarrevolução na Alemanha* [*Revolution und Konterevolution in Deutschland*]. Com Marx, elabora o panfleto *O grande homem do exílio* [*Die grossen Männer des Exils*] e uma obra, hoje desaparecida, chamada *Os grandes homens oficiais da Emigração*; nela, atacam os dirigentes burgueses da emigração em Londres e defendem os revolucionários de 1848-9. Expõem, em cartas e artigos conjuntos, os planos do governo, da polícia e do judiciário prussianos, textos que teriam grande repercussão.	Luís Bonaparte é proclamado imperador da França, com o título de Napoleão Bonaparte III.
1853	Marx escreve, tanto para o *New York Daily Tribune* quanto para o *People's Paper*, inúmeros artigos sobre temas da época. Sua precária saúde o impede de voltar aos estudos econômicos interrompidos no ano anterior, o que faria somente em 1857. Retoma a correspondência com Lassalle.	Escreve artigos para o *New York Daily Tribune*. Estuda o persa e a história dos países orientais. Publica, com Marx, artigos sobre a Guerra da Crimeia.	A Prússia proíbe o trabalho para menores de 12 anos.
1854	Continua colaborando com o *New York Daily Tribune*, dessa vez com artigos sobre a revolução espanhola.		
1855	Começa a escrever para o *Neue Oder Zeitung*, de Breslau, e segue como colaborador do *New York Daily Tribune*. Em 16 de janeiro nasce Eleanor, sua sexta filha, e em 6 de abril morre Edgar, o terceiro.	Escreve uma série de artigos para o periódico *Putman*.	Morte de Nicolau I, na Rússia, e ascensão do tsar Alexandre II.
1856	Ganha a vida redigindo artigos para jornais. Discursa sobre o progresso técnico e a revolução proletária em uma festa do *People's Paper*. Estuda a história e a civilização dos povos eslavos. A esposa Jenny recebe uma herança da mãe, o que permite que a família mude para um apartamento mais confortável.	Acompanhado da mulher, Mary Burns, Engels visita a terra natal dela, a Irlanda.	Morrem Max Stirner e Heinrich Heine. Guerra franco-inglesa contra a China.
1857	Retoma os estudos sobre economia política, por considerar iminente nova crise econômica europeia.	Adoece gravemente em maio. Analisa a situação no Oriente Médio, estuda a questão eslava e	O divórcio, sem necessidade de aprovação

Karl Marx	Friedrich Engels	Fatos históricos
Fica no Museu Britânico das nove da manhã às sete da noite e trabalha madrugada adentro. Só descansa quando adoece e aos domingos, nos passeios com a família em Hampstead. O médico o proíbe de trabalhar à noite. Começa a redigir os manuscritos que viriam a ser conhecidos como *Grundrisse der Kritik der Politischen Ökonomie* [Esboços de uma crítica da economia política], e que servirão de base à obra *Para a crítica da economia política* [*Zur Kritik der Politischen Ökonomie*]. Escreve a célebre *Introdução de 1857*. Continua a colaborar no *New York Daily Tribune*. Escreve artigos sobre Jean-Baptiste Bernadotte, Simón Bolívar, Gebhard Blücher e outros na *New American Encyclopaedia* [Nova Enciclopédia Americana]. Atravessa um novo período de dificuldades financeiras e tem um novo filho, natimorto.	aprofunda suas reflexões sobre temas militares. Sua contribuição para a *New American Encyclopaedia* [Nova Enciclopédia Americana], versando sobre as guerras, faz de Engels um continuador de Von Clausewitz e um precursor de Lenin e Mao Tsé-Tung. Continua trocando cartas com Marx, discorrendo sobre a crise na Europa e nos Estados Unidos.	parlamentar, se torna legal na Inglaterra.
1858	O *New York Daily Tribune* deixa de publicar alguns de seus artigos. Marx dedica-se à leitura de *Ciência da lógica* [*Wissenschaft der Logik*] de Hegel. Agravam-se os problemas de saúde e a penúria.	Engels dedica-se ao estudo das ciências naturais.	Morre Robert Owen.
1859	Publica em Berlim *Para a crítica da economia política*. A obra só não fora publicada antes porque não havia dinheiro para postar o original. Marx comentaria: "Seguramente é a primeira vez que alguém escreve sobre o dinheiro com tanta falta dele". O livro, muito esperado, foi um fracasso. Nem seus companheiros mais entusiastas, como Liebknecht e Lassalle, o compreenderam. Escreve mais artigos no *New York Daily Tribune*. Começa a colaborar com o periódico londrino *Das Volk*, contra o grupo de Edgar Bauer. Marx polemiza com Karl Vogt (a quem acusa de ser subsidiado pelo bonapartismo), Blind e Freiligrath.	Faz uma análise, junto com Marx, da teoria revolucionária e suas táticas, publicada em coluna do *Das Volk*. Escreve o artigo "Po und Rhein" [Pó e Reno], em que analisa o bonapartismo e as lutas liberais na Alemanha e na Itália. Enquanto isso, estuda gótico e inglês arcaico. Em dezembro, lê o recém-publicado *A origem das espécies* [*The Origin of Species*], de Darwin.	A França declara guerra à Áustria.
1860	Vogt começa uma série de calúnias contra Marx, e as querelas chegam aos tribunais de Berlim e Londres.	Engels vai a Barmen para o sepultamento de seu pai (20 de março). Publica a brochura *Savoia, Nice e o Reno* [*Savoyen, Nizza und der Rhein*], polemizando com	Giuseppe Garibaldi toma Palermo e Nápoles.

Karl Marx	Friedrich Engels	Fatos históricos
Marx escreve *Herr Vogt* [Senhor Vogt].	Lassalle. Continua escrevendo para vários periódicos, entre eles o *Allgemeine Militar Zeitung*. Contribui com artigos sobre o conflito de secessão nos Estados Unidos no *New York Daily Tribune* e no jornal liberal *Die Presse*.	
1861 Enfermo e depauperado, Marx vai à Holanda, onde o tio Lion Philiph concorda em adiantar-lhe uma quantia, por conta da herança de sua mãe. Volta a Berlim e projeta com Lassalle um novo periódico. Reencontra velhos amigos e visita a mãe em Trier. Não consegue recuperar a nacionalidade prussiana. Regressa a Londres e participa de uma ação em favor da libertação de Blanqui. Retoma seus trabalhos científicos e a colaboração com o *New York Daily Tribune* e o *Die Presse* de Viena.		Guerra civil norte--americana. Abolição da servidão na Rússia.
1862 Trabalha o ano inteiro em sua obra científica e encontra-se várias vezes com Lassalle para discutirem seus projetos. Em suas cartas a Engels, desenvolve uma crítica à teoria ricardiana sobre a renda da terra. O *New York Daily Tribune*, justificando-se com a situação econômica interna norte-americana, dispensa os serviços de Marx, o que reduz ainda mais seus rendimentos. Viaja à Holanda e a Trier, e novas solicitações ao tio e à mãe são negadas. De volta a Londres, tenta um cargo de escrevente da ferrovia, mas é reprovado por causa da caligrafia.		Nos Estados Unidos, Lincoln decreta a abolição da escravatura. O escritor Victor Hugo publica *Les misérables* [Os miseráveis].
1863 Marx continua seus estudos no Museu Britânico e se dedica também à matemática. Começa a redação definitiva de *O capital* [*Das Kapital*] e participa de ações pela independência da Polônia. Morre sua mãe (novembro), deixando-lhe algum dinheiro como herança.	Morre, em Manchester, Mary Burns, companheira de Engels (6 de janeiro). Ele permaneceria morando com a cunhada Lizzie. Esboça, mas não conclui, um texto sobre rebeliões camponesas.	
1864 Malgrado a saúde, continua a trabalhar em sua obra científica. É convidado a substituir Lassalle (morto em duelo) na Associação Geral dos Operários Alemães. O cargo, entretanto, é ocupado por Becker. Apresenta o projeto e o estatuto de uma Associação	Engels participa da fundação da Associação Internacional dos Trabalhadores, depois conhecida como a Primeira Internacional. Torna-se coproprietário da Ermen & Engels. No segundo semestre, contribui, com Marx, para o *Sozial-Demokrat*, periódico da	Dühring traz a público seu *Kapital und Arbeit* [Capital e trabalho]. Fundação, na Inglaterra, da Associação Internacional dos Trabalhadores.

	Karl Marx	Friedrich Engels	Fatos históricos
	Internacional dos Trabalhadores, durante encontro internacional no Saint Martin's Hall de Londres. Marx elabora o Manifesto de Inauguração da Associação Internacional dos Trabalhadores.	social-democracia alemã que populariza as ideias da Internacional na Alemanha.	Reconhecido o direito a férias na França. Morre Wilhelm Wolff, amigo íntimo de Marx, a quem é dedicado *O capital*.
1865	Conclui a primeira redação de *O capital* e participa do Conselho Central da Internacional (setembro), em Londres. Marx escreve *Salário, preço e lucro* [*Lohn, Preis und Profit*]. Publica no *Sozial-Demokrat* uma biografia de Proudhon, morto recentemente. Conhece o socialista francês Paul Lafargue, seu futuro genro.	Recebe Marx em Manchester. Ambos rompem com Schweitzer, diretor do *Sozial-Demokrat*, por sua orientação lassalliana. Suas conversas sobre o movimento da classe trabalhadora na Alemanha resultam em artigo para a imprensa. Engels publica *A questão militar na Prússia e o Partido Operário Alemão* [*Die preussische Militärfrage und die deutsche Arbeiterpartei*].	Assassinato de Lincoln. Proudhon publica *De la capacité politique des classes ouvrières* [A capacidade política das classes operárias]. Morre Proudhon.
1866	Apesar dos intermináveis problemas financeiros e de saúde, Marx conclui a redação do primeiro livro de *O capital*. Prepara a pauta do primeiro Congresso da Internacional e as teses do Conselho Central. Pronuncia discurso sobre a situação na Polônia.	Escreve a Marx sobre os trabalhadores emigrados da Alemanha e pede a intervenção do Conselho Geral da Internacional.	Na Bélgica, é reconhecido o direito de associação e a férias. Fome na Rússia.
1867	O editor Otto Meissner publica, em Hamburgo, o primeiro volume de *O capital*. Os problemas de Marx o impedem de prosseguir no projeto. Redige instruções para Wilhelm Liebknecht, recém-ingressado na Dieta prussiana como representante social-democrata.	Engels estreita relações com os revolucionários alemães, especialmente Liebknecht e Bebel. Envia carta de congratulações a Marx pela publicação do primeiro volume de *O capital*. Estuda as novas descobertas da química e escreve artigos e matérias sobre *O capital*, com fins de divulgação.	
1868	Piora o estado de saúde de Marx, e Engels continua ajudando-o financeiramente. Marx elabora estudos sobre as formas primitivas de propriedade comunal, em especial sobre o *mir* russo. Corresponde-se com o russo Danielson e lê Dühring. Bakunin se declara discípulo de Marx e funda a Aliança Internacional da Social-Democracia. Casamento da filha Laura com Lafargue.	Engels elabora uma sinopse do primeiro volume de *O capital*.	Em Bruxelas, acontece o Congresso da Associação Internacional dos Trabalhadores (setembro).
1869	Liebknecht e Bebel fundam o Partido Operário Social-Democrata alemão, de linha marxista. Marx, fugindo das polícias da Europa continental, passa a viver em Londres, com a família, na mais absoluta miséria. Continua os trabalhos para o segundo livro de *O capital*.	Em Manchester, dissolve a empresa Ermen & Engels, que havia assumido após a morte do pai. Com um soldo anual de 350 libras, auxilia Marx e sua família; com ele, mantém intensa correspondência. Começa a contribuir com o *Volksstaat*, o órgão de imprensa do	Fundação do Partido Social-Democrata alemão. Congresso da Primeira Internacional na Basileia, Suíça.

Karl Marx	Friedrich Engels	Fatos históricos
Vai a Paris sob nome falso, onde permanece algum tempo na casa de Laura e Lafargue. Mais tarde, acompanhado da filha Jenny, visita Kugelmann em Hannover. Estuda russo e a história da Irlanda. Corresponde-se com De Paepe sobre o proudhonismo e concede uma entrevista ao sindicalista Haman sobre a importância da organização dos trabalhadores.	Partido Social-Democrata alemão. Escreve uma pequena biografia de Marx, publicada no *Die Zukunft* (julho). Lançada a primeira edição russa do *Manifesto Comunista*. Em setembro, acompanhado de Lizzie, Marx e Eleanor, visita a Irlanda.	
1870 Continua interessado na situação russa e em seu movimento revolucionário. Em Genebra instala-se uma seção russa da Internacional, na qual se acentua a oposição entre Bakunin e Marx, que redige e distribui uma circular confidencial sobre as atividades dos bakunistas e sua aliança. Redige o primeiro comunicado da Internacional sobre a guerra franco-prussiana e exerce, a partir do Conselho Central, uma grande atividade em favor da República francesa. Por meio de Serrailler, envia instruções para os membros da Internacional presos em Paris. A filha Jenny colabora com Marx em artigos para *A Marselhesa* sobre a repressão dos irlandeses por policiais britânicos.	Engels escreve *História da Irlanda* [*Die Geschichte Irlands*]. Começa a colaborar com o periódico inglês *Pall Mall Gazette*, discorrendo sobre a guerra franco-prussiana. Deixa Manchester em setembro, acompanhado de Lizzie, e instala-se em Londres para promover a causa comunista. Lá continua escrevendo para o *Pall Mall Gazette*, dessa vez sobre o desenvolvimento das oposições. É eleito por unanimidade para o Conselho Geral da Primeira Internacional. O contato com o mundo do trabalho permitiu a Engels analisar, em profundidade, as formas de desenvolvimento do modo de produção capitalista. Suas conclusões seriam utilizadas por Marx em *O capital*.	Na França são presos membros da Internacional Comunista. Nasce Vladimir Lenin.
1871 Atua na Internacional em prol da Comuna de Paris. Instrui Frankel e Varlin e redige o folheto *Der Bürgerkrieg in Frankreich* [*A guerra civil na França*]. É violentamente atacado pela imprensa conservadora. Em setembro, durante a Internacional em Londres, é reeleito secretário da seção russa. Revisa o primeiro volume de *O capital* para a segunda edição alemã.	Prossegue suas atividades no Conselho Geral e atua junto à Comuna de Paris, que instaura um governo operário na capital francesa entre 26 de março e 28 de maio. Participa com Marx da Conferência de Londres da Internacional.	A Comuna de Paris, instaurada após revolução vitoriosa do proletariado, é brutalmente reprimida pelo governo francês. Legalização das trade unions na Inglaterra.
1872 Acerta a primeira edição francesa de *O capital* e recebe exemplares da primeira edição russa, lançada em 27 de março. Participa dos preparativos do V Congresso da Internacional em Haia, quando se decide a transferência do Conselho Geral da organização para Nova York. Jenny, a filha mais velha, casa-se com o socialista Charles Longuet.	Redige com Marx uma circular confidencial sobre supostos conflitos internos da Internacional, envolvendo bakunistas na Suíça, intitulado *As pretensas cisões na Internacional* [*Die angeblichen Spaltungen in der Internationale*]. Ambos intervêm contra o lassalianismo na social-democracia alemã e escrevem um prefácio para a nova edição alemã do *Manifesto Comunista*. Engels participa do Congresso da Associação Internacional dos Trabalhadores.	Morrem Ludwig Feuerbach e Bruno Bauer. Bakunin é expulso da Internacional no Congresso de Haia.

	Karl Marx	Friedrich Engels	Fatos históricos
1873	Impressa a segunda edição de *O capital* em Hamburgo. Marx envia exemplares a Darwin e Spencer. Por ordens de seu médico, é proibido de realizar qualquer tipo de trabalho.	Com Marx, escreve para periódicos italianos uma série de artigos sobre as teorias anarquistas e o movimento das classes trabalhadoras.	Morre Napoleão III. As tropas alemãs se retiram da França.
1874	Negada a Marx a cidadania inglesa, "por não ter sido fiel ao rei". Com a filha Eleanor, viaja a Karlsbad para tratar da saúde numa estação de águas.	Prepara a terceira edição de *A guerra dos camponeses alemães*.	Na França, são nomeados inspetores de fábricas e é proibido o trabalho em minas para mulheres e menores.
1875	Continua seus estudos sobre a Rússia. Redige observações ao Programa de Gotha, da social--democracia alemã.	Por iniciativa de Engels, é publicada *Crítica do Programa de Gotha* [*Kritik des Gothaer Programms*], de Marx.	Morre Moses Heß.
1876	Continua o estudo sobre as formas primitivas de propriedade na Rússia. Volta com Eleanor a Karlsbad para tratamento.	Elabora escritos contra Dühring, discorrendo sobre a teoria marxista, publicados inicialmente no *Vorwärts!* e transformados em livro posteriormente.	Fundado o Partido Socialista do Povo na Rússia. Crise na Primeira Internacional. Morre Bakunin.
1877	Marx participa de campanha na imprensa contra a política de Gladstone em relação à Rússia e trabalha no segundo volume de *O capital*. Acometido novamente de insônias e transtornos nervosos, viaja com a esposa e a filha Eleanor para descansar em Neuenahr e na Floresta Negra.	Conta com a colaboração de Marx na redação final do *Anti--Dühring* [*Herrn Eugen Dühring's Umwälzung der Wissenschaft*]. O amigo colabora com o capítulo 10 da parte 2 ("Da história crítica"), discorrendo sobre a economia política.	A Rússia declara guerra à Turquia.
1878	Paralelamente ao segundo volume de *O capital*, Marx trabalha na investigação sobre a comuna rural russa, complementada com estudos de geologia. Dedica-se também à *Questão do Oriente* e participa de campanha contra Bismarck e Lothar Bücher.	Publica o *Anti-Dühring* e, atendendo a pedido de Wolhelm Bracke feito um ano antes, publica pequena biografia de Marx, intitulada *Karl Marx*. Morre Lizzie.	Otto von Bismarck proíbe o funcionamento do Partido Socialista na Prússia. Primeira grande onda de greves operárias na Rússia.
1879	Marx trabalha nos volumes II e III de *O capital*.		
1880	Elabora um projeto de pesquisa a ser executado pelo Partido Operário francês. Torna-se amigo de Hyndman. Ataca o oportunismo do periódico *Sozial-Demokrat* alemão, dirigido por Liebknecht. Escreve as *Randglossen zu Adolph Wagners Lehrbuch der politischen Ökonomie* [Glosas marginais ao tratado de economia política de Adolph Wagner]. Bebel, Bernstein e Singer visitam Marx em Londres.	Engels lança uma edição especial de três capítulos do *Anti-Dühring*, sob o título *Socialismo utópico e científico* [*Die Entwicklung des Socialismus Von der Utopie zur Wissenschaft*]. Marx escreve o prefácio do livro. Engels estabelece relações com Kautsky e conhece Bernstein.	Morre Arnold Ruge.

	Karl Marx	Friedrich Engels	Fatos históricos
1881	Prossegue os contatos com os grupos revolucionários russos e mantém correspondência com Zasulitch, Danielson e Nieuwenhuis. Recebe a visita de Kautsky. Jenny, sua esposa, adoece. O casal vai a Argenteuil visitar a filha Jenny e Longuet. Morre Jenny Marx.	Enquanto prossegue em suas atividades políticas, estuda a história da Alemanha e prepara *Labor Standard*, um diário dos sindicatos ingleses. Escreve um obituário pela morte de Jenny Marx (8 de dezembro).	Fundada a Federation of Labour Unions nos Estados Unidos. Assassinato do tsar Alexandre II.
1882	Continua as leituras sobre os problemas agrários da Rússia. Acometido de pleurisia, visita a filha Jenny em Argenteuil. Por prescrição médica, viaja pelo Mediterrâneo e pela Suíça. Lê sobre física e matemática.	Redige com Marx um novo prefácio para a edição russa do *Manifesto Comunista*.	Os ingleses bombardeiam Alexandria e ocupam Egito e Sudão.
1883	A filha Jenny morre em Paris (janeiro). Deprimido e muito enfermo, com problemas respiratórios, Marx morre em Londres, em 14 de março. É sepultado no Cemitério de Highgate.	Começa a esboçar *A dialética da natureza* [*Dialektik der Natur*], publicada postumamente em 1927. Escreve outro obituário, dessa vez para a filha de Marx, Jenny. No sepultamento de Marx, profere o que ficaria conhecido como *Discurso diante da sepultura de Marx* [*Das Begräbnis von Karl Marx*]. Após a morte do amigo, publica uma edição inglesa do primeiro volume de *O capital*; imediatamente depois, prefacia a terceira edição alemã da obra, e já começa a preparar o segundo volume.	Implantação dos seguros sociais na Alemanha. Fundação de um partido marxista na Rússia e da Sociedade Fabiana, que mais tarde daria origem ao Partido Trabalhista na Inglaterra. Crise econômica na França; forte queda na Bolsa.
1884		Publica *A origem da família, da propriedade privada e do Estado* [*Der Ursprung der Familie, des Privateigentum und des Staates*].	Fundação da Sociedade Fabiana de Londres.
1885		Editado por Engels, é publicado o segundo volume de *O capital*.	
1889			Funda-se em Paris a II Internacional.
1894		Também editado por Engels, é publicado o terceiro volume de *O capital*. O mundo acadêmico ignorou a obra por muito tempo, embora os principais grupos políticos logo tenham começado a estudá-la. Engels publica os textos *Contribuição à história do cristianismo primitivo* [*Zur Geschichte des Urchristentums*] e *A questão camponesa na França e na Alemanha* [*Die Bauernfrage in Frankreich und Deutschland*].	O oficial francês de origem judaica Alfred Dreyfus, acusado de traição, é preso. Protestos antissemitas multiplicam-se nas principais cidades francesas.

Karl Marx	Friedrich Engels	Fatos históricos
1895	Redige uma nova introdução para *As lutas de classes na França*. Após longo tratamento médico, Engels morre em Londres (5 de agosto). Suas cinzas são lançadas ao mar em Eastbourne. Dedicou-se até o fim da vida a completar e traduzir a obra de Marx, ofuscando a si próprio e a sua obra em favor do que ele considerava a causa mais importante.	Os sindicatos franceses fundam a Confederação Geral do Trabalho. Os irmãos Lumière fazem a primeira projeção pública do cinematógrafo.

Sobre o autor e o ilustrador

Daniel Bensaïd, filósofo e ativista político francês, nasceu em 1946, em Toulouse, e faleceu em 2010, em Paris.

Teórico do movimento trotskista, foi um dos participantes mais destacados do Maio de 1968, como militante da Juventude Comunista Revolucionária (JCR). Após a fusão da JCR com o Partido Comunista Internacionalista, em 1969, que deu origem à Liga Comunista Revolucionária (LCR), Bensaïd entrou para seu diretório político.

Foi membro do secretariado da IV Internacional e professor de Filosofia da Universidade de Paris VIII.

Entre suas obras destacam-se:

Mai 1968, une répétition générale. Paris, F. Maspero, 1968. (Com Henri Weber.)

Le deuxième souffle?: problèmes du mouvement étudiant. Paris, F. Maspero, 1969.

La révolution et le pouvoir. Paris, Stock, 1976.

L'anti-Rocard ou les haillons de l'utopie. Paris, La Brèche, 1980.

Stratégie et parti. Montreuil, Presse Édition Communication-La Brèche, 1987.

Moi, la révolution: remembrances d'une bicentenaire indigne. Paris, Gallimard, 1989.

Walter Benjamin sentinelle messianique: à la gauche du possible. Paris, Plon, 1990.

Jeanne de guerre lasse. Paris, Gallimard, 1991.

La discordance des temps: essais sur les crises, les classes, l'histoire. Paris, Éd. de la Passion, 1995.

Marx l'intempestif: grandeurs et misères d'une aventure critique, XIXe-XXe siècles. Paris, Fayard, 1995 [ed. bras.: *Marx, o intempestivo: grandezas e misérias de uma aventura crítica.* Rio de Janeiro, Civilização Brasileira, 1999].

Le parimélancolique: métamorphoses de la politique, politique des métamorphoses. Paris, Fayard, 1997.

Lionel, qu'as-tu fait de notre victoire?: leur gauche et la nôtre. Paris, A. Michel, 1998.

Contes et légendes de la guerre éthique. Paris, Textuel, 1999.

Qui est le juge?: pour en finir avec le tribunal de l'histoire. Paris, Fayard, 1999.

Éloge de la résistance à l'air du temps. Paris, Textuel, 1999.

Le sourire du spectre: nouvel esprit du communisme. Paris, Michalon, 2000.

Marxismo, modernidade e utopia. São Paulo, Xamã, 2000. (Com Michael Löwy.)

Les irréductibles: théorèmes de la résistance à l'air du temps. Paris, Textuel, 2001 [ed. bras.: *Os irredutíveis: teoremas da resistência para o tempo presente*. São Paulo, Boitempo, 2008].

Passion Karl Marx: les hiéroglyphes de la modernité. Paris, Textuel, 2001.

Résistances: essai de taupologie générale. Paris, Fayard, 2001.

Les trotskysmes. Paris, Presses Universitaires de France, 2002.

Un monde à changer: mouvements et stratégies. Paris, Textuel, 2003.

Le nouvel internationalisme: contre les guerres impériales et la privatisation du monde. Paris, Textuel, 2003.

Une lente impatience. Paris, Stock, 2004.

Fragments mécréants: sur les mythes identitaires et la république imaginaire. Paris, Lignes, 2005.

Les dépossédés: Karl Marx, les voleurs de bois et le droit des pauvres. Paris, La Fabrique, 2007.

Un nouveau théologien: Bernard-Henri Lévy. Paris, Lignes, 2007. (*Fragments mécréants 2*).

Éloge de la politique profane. Paris, A. Michel, DL, 2008.

Charb [Stéphane Charbonnier], nascido em 1967, em Conflans-Sainte--Honorine, foi um ilustrador e jornalista francês. Faleceu em 7 de janeiro de 2015, no atentado terrorista islâmico contra o semanário *Charlie Hebdo*, publicação satírica de esquerda que dirigia desde maio de 2009. Trabalhou em vários jornais franceses, incluindo *Télérama*, *Fluide Glacial* e *L'Humanité*. Foi o criador dos personagens Maurice e Patapon, um cachorro e um gato anticapitalistas, em quadrinhos homônimos, cuja compilação foi publicada em quatro tomos, de 2005 a 2009, pela editora Hoëbeke. Autor de vários livros, incluindo *Le Petit Livre rouge de Sarko* (2009), *Sarko, le kit de survie* (2010) e *La salle des profs* (2012), pela editora 12 bis.

marxismo e literatura

Coordenação
Leandro Konder e Michael Löwy

As artes da palavra
LEANDRO KONDER
Orelha de Celso Frederico

O capitalismo como religião
WALTER BENJAMIN
Organização de Michael Löwy
Tradução de Nélio Schneider e Renato Pompeu
Orelha de Maria Rita Kehl
Quarta capa de Jeanne Marie Gagnebin

A cidade das letras
ÁNGEL RAMA
Tradução de Emir Sader
Apresentação de Mario Vargas Llosa
Prólogo de Hugo Achugar
Orelha de Flávio Aguiar

Defesa do marxismo
JOSÉ CARLOS MARIÁTEGUI
Tradução, organização
e notas de Yuri Martins Fontes
Orelha de Carlos Nelson Coutinho

Do sonho às coisas
JOSÉ CARLOS MARIÁTEGUI
Tradução, organização
e notas de Luiz Bernardo Pericás

Em torno de Marx
LEANDRO KONDER
Orelha de Ricardo Antunes

A estrela da manhã
MICHAEL LÖWY
Tradução de Eliana Aguiar
Apresentação de Leandro Konder
Apêndice de Sergio Lima
Orelha de Alex Januário

Os irredutíveis
DANIEL BENSAÏD
Tradução de Wanda Caldeira Brant
Orelha de Michael Löwy

Lucien Goldmann
MICHAEL LÖWY E SAMI NAÏR
Tradução de Wanda Caldeira Brant
Orelha de Celso Frederico

Marx, manual de instruções
DANIEL BENSAÏD
Tradução de Nair Fonseca
Ilustrações de Charb

Profanações
GIORGIO AGAMBEN
Tradução e apresentação de Selvino J. Assmann
Orelha de Olgária Matos

Revolta e melancolia
MICHAEL LÖWY E ROBERT SAYRE
Tradução de Nair Fonseca
Orelha de Marcelo Ridenti

Sobre o amor
LEANDRO KONDER
Orelha de Flávio Aguiar

Walter Benjamin: aviso de incêndio
MICHAEL LÖWY
Tradução de Wanda Caldeira Brant

> Notou que sua marmita
> Era o prato do patrão
> Que sua cerveja preta
> Era o uísque do patrão
> Que seu macacão de zuarte
> Era o terno do patrão
> Que o casebre onde morava
> Era a mansão do patrão
> Que seus dois pés andarilhos
> Eram as rodas do patrão
> Que a dureza do seu dia
> Era a noite do patrão
> Que sua imensa fadiga
> Era amiga do patrão.
>
> E o operário disse: Não!
> E o operário fez-se forte
> Na sua resolução.

Escrito no centenário de nascimento do poeta Vinicius de Moraes, autor dos versos acima, trecho de "O operário em construção", este livro foi composto em Adobe Garamond Pro, corpo 11/14,7, e reimpresso em papel Avena 80 g/m², pela gráfica Lis, para a Boitempo Editorial, em abril de 2021, com tiragem de 500 exemplares.